数字化加速度

工作方式、人力资源、财务的管理创新

陈春花 徐少春 朱丽 钟皓 刘超 吴梦玮 曾昊 王甜 尹俊 著

机械工业出版社
China Machine Press

图书在版编目（CIP）数据

数字化加速度：工作方式、人力资源、财务的管理创新 / 陈春花等著. -- 北京：机械工业出版社，2021.6
ISBN 978-7-111-68198-4

I. ①数… II. ①陈… III. ①企业管理 IV. ①F272

中国版本图书馆CIP数据核字（2021）第083165号

数字化加速度

工作方式、人力资源、财务的管理创新

出版发行：机械工业出版社（北京市西城区百万庄大街22号 邮政编码：100037）	
责任编辑：华 蕾	责任校对：殷 虹
印　　刷：大厂回族自治县益利印刷有限公司	版　　次：2021年6月第1版第1次印刷
开　　本：170mm×230mm　1/16	印　　张：12.25
书　　号：ISBN 978-7-111-68198-4	定　　价：79.00元
客服电话：（010）88361066　88379833　68326294	投稿热线：（010）88379007
华章网站：www.hzbook.com	读者信箱：hzjg@hzbook.com

版权所有·侵权必究
封底无防伪标均为盗版
本书法律顾问：北京大成律师事务所　韩光 / 邹晓东

自序一
数字化转型的核心是挑战自我

2017年5月，我们参加了金蝶云发布会，见证了少春带领金蝶团队砸掉"ERP"、砸掉象征老板身份的办公椅、砸掉CEO身份的重要时刻。从这一刻起，金蝶再一次自我革命，加快了数字化转型的进程。随后，我和少春围绕着数字化带来的企业管理变化进行了持续的交流。到了2018年初，我们决定一起建立一个联合研究小组，展开关于数字技术对企业管理影响的研究，并于同年3月在金蝶联合成立了中国管理模式研究中心，我的研究团队正式接受金蝶的邀请，与金蝶一起探讨数字化背景下中国企业的管理创新。

我们选择这个主题，首先是因为金蝶自己是数字化转型的坚定实践者，其次是因为我们的管理团队在过去10年也以数字技术与管理重构作为研究主线，因此我们在理解数字化，以及其对企业管理的影响、对企业未来的意义等方面有着高度的共识。更重要的是，我们了解了大量中国企业所面对的数字化转型的挑战和问题,尤其是最近 5 年来,在数字化转型的实践中,企业要想在破与立之间找到平衡、找到机会,需要管理价值的释放,需要管理者的智慧,需要中国的智慧,最终实现新的价值增长。我们对此充满期待,并愿意为此做出努力。

我们规划了第一个三年计划,北大国发院的研究团队和金蝶的研究团队一起确定研究主题,同时确定要深度研究的企业案例和研究方法。我们先从三个主题入手,这三个主题分别是:在数字化背景下的新的工作方式、新的人力资源管理模式和新的财务管理模式。

我们从工作方式谈起。数字化带来了全新的生活方式与工作方式,它们已经出现在各个产业的新价值组合之中。这些根本的变化,直接带来了新的商业模式、新的顾客价值体验,进一步促进了新技术的发展。我们在观察企业的变化时,也深深地感受到,在新技术、新商业模式、新产品与服务带来的顾客价值新体验的背后,支撑这一切的管理价值创新一定有规律可循。那么,究竟是什么样的工作方式、什么样的人力资源管理模式,以及什么样的财务管理模式支撑了这些企业的可持续发展和创新?这是我们特别想了解的。

数字化带来的最大变化就是人的变化。不仅仅是用户变了,我们的员工也变了。人的变化,导致管理模式、组织模式、业务模式发生了转变,管理中的很多东西也都随之改变——一是工作场景,二是组织形式,三是业务和信息传递的方式,四是评价工作绩效的模式。我之所以在 2015 年和 2017 年分别出版了《激活个体》与《激活组织》,就是因为数字化导致个人与组织的关系发生变化,激活和赋能成为组织基本的管理模式。这也是我们首先从工作方式着手研究的原因。

的确如此，组织管理模式从控制－命令式，转向服务－指导式，再到今天的激活－赋能式。过去的组织管理模式采用控制－命令式，是因为控制和命令可以帮助组织实现高绩效。但是随着个体价值的崛起，控制－命令式约束了人创造价值的能力，于是组织管理模式转向服务－指导式。在很长一段时间里，组织管理非常强调服务和指导，这的确帮助组织中的个体获得了支持并取得了绩效。但是，数字技术带来了新变化，组织管理模式又逐渐转向激活－赋能式。比如在金蝶的实践中，会计的大部分核算工作完全可以用机器完成，这是管理者必须面对的情形。在控制－命令式阶段，管理者是很有权威性的；到服务－指导式阶段，管理者是很有成就感的；但是到了激活－赋能式阶段，管理者必须是无我和忘我的，这对管理者来说是一种非常大的调整，与此同时，企业内部的组织系统也要进行调整。我们的研究就是要帮助组织应对这些根本改变带来的挑战，并帮助每一个管理者进入新的状态，最后让每一个人的创造力得以释放。

我们将第二个研究主题确定为财务管理，是源于对企业的可持续性与价值贡献的关注。在企业管理中，一个重要的要求就是要确保企业有可持续性和价值贡献。企业的可持续发展，一方面要求企业有真正的价值贡献，另一方面要求企业有坚实的业务基础。所以，可持续性会先体现在财务上，它不能依赖于资本或投资，而应该来源于健康的经营绩效。可持续性的基础是稳健经营，稳健经营的重要检验标准是真实的经营绩效，真实的经营绩效最终必须能够体现在财务数据中，这样才能说明企业确实为顾客创造了价值。在数字技术的帮助下，我们会更清晰地理解企业投入的资源如何创造价值，以及个人如何创造财务贡献。数字化使得"人人皆财务",同时也带来了两方面的提升：一是效益提升,二是效率提升。这就是从价值贡献的视角来看待财务。

沿着可持续性和价值贡献这个话题,我们延伸出了第三个研究主题,即以激活组织为目标的新的人力资源管理模式。数字化带来的不确定性成为组织面对的常态环境,让企业拥有驾驭不确定性的强大的组织能力成为今天组织管理的核心,这也是企业对人力资源管理的基本诉求。

数字技术带来的新工具使得管理者可以利用社交数据识别员工的兴趣、爱好,可以根据实时绩效、实时目标系统做员工的行为预测和行为分析,甚至可以采用机器人提高事务性工作的效率。但是,如何激活人,如何让人更有价值,如何让人的工作更有意义,才是根本性的命题,是人力资源管理一定要回答的问题,也是我们研究的重点。

与少春的合作源于10多年前的"中国管理模式奖"。我们共同的梦想是找寻领先的中国管理实践,发掘管理创新的价值,贡献中国管理的智慧。感恩金蝶十几年来一直支持这个奖项以及相关的研究工作。2017年,我们又联合成立了"中国管理模式50人"论坛,深入推进这项有意义的工作。

开展这项工作的挑战比想象的要大,第一个挑战是如何改变我们固有的习惯。其核心是要自我革命,要有改变自我、超越自我的意识。第二个挑战是如何面向未来。我们今天研究的成果,应不仅能解决当下的问题,还能持续进化、面向未来,在未知与变化中创造价值。第三个挑战是如何找寻共性的问题。我们需要在鲜活的实践案例中,在纷繁复杂的现象里,运用科学的研究方法,形成规律性的认识。

这本书就是我们基于以上思考,面对诸多挑战,在过去的三年中围绕着三个主题展开研究的成果。我们的研究团队与金蝶各业务团队在通力合作的过程中，也得到了众多案例企业的大力帮助。我们深入探讨相关问题，理解数字技术为企业管理带来的变化，以及重构价值带来的各种可能性；我们运用相关方法，分析数字技术与管理现象之间的关联，以及价值创造背后的各种驱动因素；我们与众多的管理者交流，获得了极大的启发。这项研究的总体成果发表在《管理科学学报》上，相关成果分别发表在《企业管理》《清华管理评论》上，这些论文的发表促使我们更持续深入地进行研究。我们深知自己的局限性，当看到在数字技术的帮助下，越来越多的企业拥有了新的价值创造能力并获得了顾客的认可时，我们坚定了深入研究的信心。我们知道，这是一个开始，而不是一个总结。

陈春花

自序二

这是一个怎样的时代

这是一个大变局的时代。新冠疫情肆虐全球，中美贸易摩擦，技术解耦，中国企业面临着很多不可预知的考验和挑战。这也是一个大机遇时代，数字技术改变了我们的生活方式与工作方式，提升了商业效率，甚至创新了商业业态，中国企业面临着比以往任何一个时代都要多的可能和机会。这将是属于每一个中国企业的大时代。在这样一个时代，数字技术将推动社会与经济的发展、商业与产业的变革、机器智能与人类的"进化"，这些发展与变化对中国企业的业务与管理发出了时代追问。

这是一个协同的时代。为回应数字时代对中国企业的追问，金蝶从2008年开始携手国内知名商学院等机构共同探索中国管理模式。在长达10年的探索后，我感觉我们越来越接近中国管理模式的本质，也越来越有信心能够把中国管理模式通过课题研究的方式呈现出来。这个想法得到了陈春花老师的大力支持。在双方的努力下，金蝶的研究团队与北大的研究团队联合成立了中国管理模式研究中心并开展课题研究。

与陈春花老师及其研究团队讨论后,本着探索中国管理模式,助力中国企业成长的初心,我们将研究方向定为数字经济时代下的企业管理新模式,并从工作方式、人力资源管理模式与财务管理模式三个角度进行探索与研究。原因在于我们发现除了产品与技术的创新以外,中国的领先企业的工作方式、人力资源管理模式与财务管理模式都对其可持续发展提供了不可或缺的支撑。

这是一个最好的时代。我们何其幸运,不但能有机会通过金蝶自身的转型与升级,成为数字化企业的先行者,而且能通过助力广大中国企业进行数字化转型,推动中国管理模式的进步。我们已经将这些经验与洞察转化为第一个三年计划的阶段性成果,这是我们研究中国管理模式的一小步,更是我们对时代追问的回应。

未来,我们希望携手所有致力于推动中国管理进步的同仁,共同推进中国管理模式的研究,以使更多的中国企业能从中获取力量,让中国管理模式在全球崛起,为全世界的管理和商业文明,贡献中国智慧与中国方案!

徐少春

目 录

自序一 数字化转型的核心是挑战自我
自序二 这是一个怎样的时代

 缘起 /1

1.1 数字化生存的时代背景 /2
1.2 研究的设计 /6

 新工作方式 /8

2.1 企业发展的新局面 /10
　　2.1.1 数字经济时代的机遇 /10

2.1.2　数字经济时代的挑战　/ 13

2.2　新工作方式因时而生　/ 15

　　2.2.1　商业活动的基本假设与新要求　/ 16

　　2.2.2　协同逻辑下的商业活动与管理系统　/ 18

　　2.2.3　新商业活动与管理系统　/ 23

2.3　数字化工作系统与工作方式　/ 29

　　2.3.1　高工作成效与实现路径　/ 30

　　2.3.2　重新认识工作系统与实践　/ 32

　　2.3.3　数字化工作模式　/ 33

2.4　智能协同的变革路径与管理实践　/ 35

　　2.4.1　工作方式的数字化转型　/ 35

　　2.4.2　海尔的"人单合一"数字化工作战略　/ 36

　　2.4.3　安踏的"价值零售"数字化工作系统　/ 38

　　2.4.4　金蝶的"智能协同"数字化工作模式　/ 40

结语与展望　/ 41

新人力资源管理模式　/ 42

3.1　人力资源的挑战与变革　/ 48

3.2　人力资源管理模式的逻辑与演进　/ 50

　　3.2.1　人力资源演进：历史的视角　/ 51

　　3.2.2　人力资源管理现状盘点：调研与发现　/ 52

　　3.2.3　重塑人力资源管理　/ 78

3.3　人力资源管理新模式的典型案例　/ 83

　　3.3.1　华为：人力资源协同组织战略　/ 84

3.3.2　三一：多元路径赋能激活员工　/ 87

3.3.3　腾讯：跨边界契约设计之人才获取、保留与共享　/ 92

3.3.4　远大住工：正确衡量员工价值贡献　/ 95

3.4　人力资源管理新模式的实践工具探索（OKRE）/ 100

3.4.1　个体与组织的关系　/ 101

3.4.2　平衡个体目标与组织目标　/ 103

3.4.3　新模式的升级工具设想　/ 104

结语与展望　/ 113

新财务管理模式　/ 115

4.1　财务管理面临的挑战与机遇　/ 116

4.2　新财务管理模式的四个维度　/ 125

4.3　第四张报表的提出　/ 136

4.3.1　财务管理基本假设的新挑战　/ 139

4.3.2　财务管理的新要求　/ 141

4.3.3　共生逻辑下的财务管理认知框架　/ 144

4.3.4　第四张报表："共生增值表"　/ 148

4.4　新财务管理模式应用初探　/ 150

4.4.1　财务进入 4.0 阶段　/ 150

4.4.2　海尔的"共赢增值表"　/ 152

4.4.3　零售业第四张报表应用探析　/ 161

4.4.4　农牧业第四张报表应用探析　/ 169

结语与展望　/ 177

参考文献　/ 180

1 缘　起

全球最佳管理思想风向标"全球最具影响力50大商业思想家"（Thinkers 50），被誉为管理思想界的"奥斯卡"。其创始人斯图尔特·克雷纳在《管理百年》中总结说，"管理上没有最终的答案，只有永恒的追问"[⊖]。Thinkers 50每两年评选一次，2013年，柳传志登上了"全球最具影响力50大商业思想家"榜单。这是该榜单创立12年来，首次出现中国人的面孔。时隔两年，2015年张瑞敏被授予杰出成就奖之"最佳理念实践奖"。改革开放40多年，市场开放取得的举世瞩目的成就，以及中国向创新驱动发展转型的历史机遇，都预示着中国将迎来属于自己的"管理世纪"[⊜]。

⊖ 斯图尔特·克雷纳. 管理百年（珍藏版）[M]. 闾佳，译. 北京：中国人民大学出版社，2013.

⊜ 陈春花，朱丽，钟皓，刘超，吴梦玮，曾昊. 中国企业数字化生存管理实践视角的创新研究[J]. 管理科学学报，2019，022(010):1-8.

"数字化生存"这一概念与"工业时代"相对应。在工业时代，企业发展符合线性逻辑，企业边界与产业边界清晰，规模与效率直接相关，在这样的背景下，福特的"福特制"贡献了泰勒分工理论的实践样板，使得制造企业的产量不断提升，边际成本不断下降，工人工作时间缩短，并以此推动了更多制造企业的快速发展。丰田的"丰田制"，即丰田生产方式，一方面保留了"福特制"大规模生产的特点，另一方面给了员工自主权，因此可以更好地保障制造质量，"精益制造"也随之成为全球制造企业效仿之道。福特制和丰田制虽然有诸多不同，但是共同点更加明显，那就是都贡献了降低大规模制造的成本与提高效率的有效方法，从而推动了企业的规模增长。围绕着这一系列的美国企业、日本企业的发展而形成的管理理论，也推动了工业时代企业的大规模成长[⊖]。

1.1　数字化生存的时代背景[⊖]

"数字化生存"完全不同于工业时代，其核心的改变是：效率不再来自分工而是来自协同；影响组织绩效的关键因素由内部转移到外部，企业边界和产业边界均被打破并融合；企业处在不确定性之中，技术变革导致企业需要跨界与连接才能获得成长空间；增长也不再是线性的，而是非连续性的；各类利益相关者构建出生态网络，彼此共生共创。这一系列的改变，使得工业时代影响企业绩效的关键要素也发生了改变。

[⊖⊖] 陈春花，朱丽，钟皓，刘超，吴梦玮，曾昊. 中国企业数字化生存管理实践视角的创新研究[J]. 管理科学学报，2019，022(010):1-8.

无论是出于现实管理实践的要求，还是出于理论发展本身的要求，对于随着这些改变而出现的新问题，研究者都需要给出自己的答案。

工作方式的视角

人工智能的快速发展与广泛应用引发了其对组织人员的劳动力替代危机。花旗集团的研究表明，预计人工智能将危及 47% 的美国的劳动力岗位和 57% 的经济合作与发展组织（OECD）国家的劳动力岗位，对亚洲新兴经济体印度与中国的劳动力岗位的影响分别达到 69% 和 77%。⊖ 而按照世界银行的报告，在数字化时代，每新增 10 000 名新顾客，只需要新增两台服务器。⊜《经济学人》的研究更是得出如下结论：95% 的 CEO 认为"自动化与人工智能对员工有影响"。⊜

这一切都导致人们将在全新的工作场景下开展工作，我们称之为"数字化工作方式"。在数字化工作方式中，从运营活动、业务活动，到产业成员之间的活动，都将发生不同程度的改变。人工智能与机器人的运用、人机协作，以及价值共创与共享等，都显示出数字化工作方式具有与传统工作方式完全不同的特征。由此，研究数字化工作场景、数字化价值行为、数字化价值角色等就显得极为重要了。

人力资源管理的视角

"数字化生存"对人力资源的影响已经在多个维度有所体现，我们仅以个体流动和绩效评价两个维度为例来进行说明。强个体的崛起导致

⊖ 花旗集团 .Technology at Work v4.0: Navigating the Future of Work[R/OL].（2019-06-13）. https://www.oxfordmartin.ox.ac.uk/publications/technology-at-work-4/.

⊜ 世界银行 . 2019 世界发展报告：工作性质的变革 [R/OL].（2019-09-30）.https://www.shihang.org/zh/publication/wdr2019.

⊜ 经济学人 . 自动化与 AI 对工作环境的影响：CEO 在塑造未来企业工作环境方面大有可为 [R].（2017-11-23）.

个体在组织间的流动率迅猛增加。我们看到的一份统计资料显示，95后的平均在职时间只有 7 个月，其平均更换城市的时间是 10 个月，而这两组数字在 70 后的从业人群中，分别是 51 个月和 40 个月。[一]如此高的人才流动率，要求人力资源管理系统在有能力进行动态应对的同时，也要解决如何留住人才，以及让人才高效释放价值的挑战性问题。

如何评价人的价值贡献并确保每一个人的发展与组织的发展相契合，则是另一个挑战。我们都知道，在过去的评价系统中，有效的系统是关键绩效指标（KPI）系统，该系统关注了效率、流程与指标之间的关系，但是因为其衡量的是静态结果，所以又发展出一套新的评价系统即目标与关键结果（OKR）之间的关联，这套系统关注了创新和及时有效的沟通，让目标与关键结果之间有了动态关联。但是，在数字化生存状态下，组织需要考虑"未来绩效管理"，因此需要设计一套新的评价体系。

数字化生存，要求人力资源管理模式与企业战略高效匹配，而传统的基于职能部门的模式却因为不能较好地贴近业务和靠近战略，显得力不从心；目前流行的人力资源三支柱模式在寻求协同管理与寻找企业内外部共同生长空间方面的效果并不理想，因而企业对人力资源管理实践提出了新的要求。同时，对于 90 后、95 后的新生代员工的管理研究也已经得到了更多的管理学研究的实证。新生代员工更追求自由和主张个性表达，数字化时代下，新生代员工的个体价值崛起并开始在组织间频繁流动。为此，组织需要新的方式方法保留人才并激活其价值。

[一] 数说今天．领英发布 – 第一份工作趋势洞察 [EB/OL]．（2018-09-10）．https://www.sohu.com/a/253045670_100248752．

财务管理的视角

财务系统是最先使用数字化方式的管理系统。我们和金蝶公司组建的联合研究小组在调研中发现，超过 97% 的企业计划使用数字化转型的财务相关服务。69.6% 的企业认为财务管理的关键职能需求是系统对接与跨界业务核算（详见第 4 章维度四）。我们在深度调研中发现，数字化生存对传统财务管理的基本假设提出了多方面的挑战。

第一，数字技术打通了产业和场景的可连接性，扩大了产业生态圈，企业成为产业生态圈中的一个节点，企业因连接而产生价值，这使得财务假设的主体遇到了挑战。第二，数字技术导致财务管理不再注重短期的和过去的价值，而是注重长期的和未来的价值，这意味着持续经营假设需要贯穿全部财务管理过程。第三，在如何界定用户与顾客，以及如何界定有效市场方面，海量数据的存在，对信息的挖掘与判断提出了更高的要求。第四，在传统的财务管理中，核算是以经济活动为核心的，而在数字化时代，人成为价值创造的核心，核算如何从以"经济活动"为核心转向以"人的价值"为核心，则是一个根本性的挑战。第五，数字技术带来的变化是非连续性的、突破性的，在其中界定价值，对变化的价值进行预判，并提供高可靠性的财务体系支撑很具挑战性。第六，财务将从专业管理转型为业务管理，甚至转变为"人人财务"的逻辑，其中的变化如何理解？第七，传统的财务核算与报表体系，能否适应数字化生存的需求？这一系列的挑战，同时也是财务管理理论创新的来源。

在研究数字化生存与管理重构时，"究竟什么样的情境能够催生新管理理论？"这个问题的确值得我们认真去寻求答案。

1.2 研究的设计

在数字经济时代，数字技术给世界带来了巨大的变化，中国企业需要新的管理模式来适应这个动态多变的新情境。为了更好地研究与回应中国企业在新情境中面对的真实管理问题，我们决定组建一支包括管理学者、企业家、咨询顾问、企业管理者、产业从业者的研究团队。

我们深知管理学术研究与管理实践之间存在差异，但我们坚信二者一定能够协同创造价值。因此，为了让管理学术研究和管理实践之间能更好地达成共识，我们基于实用主义原则，遵循根植于中国企业实践的研究方法，即"两出两进"⊖（一出，观察实践中存在的问题；一进，深入研究文献，检验所观察到的问题是否有理论价值；二出，探索将有理论价值的问题转化成理论问题；二进，再把理论问题带入实践中，验证这个有理论价值的问题是否具有实践意义），开展研究。

通过多次研讨，我们将研究目的定为通过观察数字化带来的情境变化与管理创新，揭示领先企业管理实践的内在机理，获得关于企业新管理模式（特别是企业数字化转型）的整体性认知，并为企业的可持续发展提供理论与实践参考。

基于上述研究目的，我们制订了第一个三年计划。在此期间，我们每年以课题研讨会为始，在会上进行深度交流，并就自身对企业的实践观察确定研究主题和方向。此后，我们会进行持续研究（包括但不限于文献回顾、问卷调研、深度访谈、案例研究）。在研究得到阶段性成果时，以课题交流会、课题分享会的形式与相关企业进行持续的交流和

⊖ 陈春花. 管理研究与管理实践之弥合 [J]. 管理学报，2017,14(10):1421-1425.

互动，希望将这些成果应用于企业的管理实践。年末，我们以课题汇报会的形式汇报年度成果并获得年度反馈，然后据此修正新一年的研究方向。

在第一个三年计划结束的时候，我们基本完成了从新的工作方式、新的人力资源管理模式、新的财务管理模式三个方面展开的深入研究，取得了数字化时代新的管理模式初探的阶段性成果，并欣喜地发现研究成果对企业的管理实践产生了积极的影响。因此，我们正在制订第二个三年计划，并期待管理学术研究与管理实践能够通过协同创造更大的价值。

2

新工作方式

从逛商场到线上购物，从广告引导到查看餐厅评分并按个人口味进行选择，从不远千里来相聚到利用互联网实现超越时空界限的线上会议……这一系列变化，是移动互联网、人工智能、大数据等数字技术在各种社会场景的应用与渗透所导致的结果。

随着科技应用领域的拓展与渗透程度的加深，数字技术展现出了超越以往任何一项"新兴"技术的强大能力——为商业和企业的颠覆性发展提供动力。其他"新兴"技术被视作效率工具，只能通过提升原有商业系统的价值来提升效率，而数字技术作为一种新的价值要素，不仅为变革传统商业系统的价值创造与价值获取提供了有力支持，更为重构商业系统的底层逻辑结构与运作机制提供了无限可能。

大多数企业早已察觉到数字技术将掀起数字化浪潮的迹象，它们扬言要拥抱数字化趋势，并着手进行数字化转型。但是，无论是"柯达"

们面对智能手机的恍然大悟，还是运营商们面对微信的如梦初醒，抑或是传统银行们面对支付宝的幡然醒悟，从中，我们不难发现大多数企业因资源与产业的限制，仅仅将数字化作为改善原有商业系统的效率工具，难免被跨界的对手们打个措手不及。

如果说被"跨界打劫"可能只是某些企业偶然的遭遇，那么数字化转型就是所有企业必然要面对的现实。部分传统企业认为，这种必然离自己还很远，甚至认为全面数字化转型是企业在未来才需要考虑的问题，而突如其来的新冠疫情，提前将真相展示在所有企业面前，用事实说明数字化不仅是未来趋势，更是当下现实。这个时候，无论是主动进行数字化的企业，还是被动进行数字化的企业都将面临前所未有的挑战。

企业要想应对数字化，就要重新认知与理解数字技术对商业系统的冲击，并以此为基础将原有的商业系统调整为数字化商业系统。在这种调整中的最大变化是，数字技术通过不断增强不同商业主体之间的连通性，使企业摆脱了资源与产业的束缚。这种变化直接体现在商业活动的各商业主体的交互过程中。具体而言，各参与活动的商业主体都必须依赖数字技术，为创造与获取顾客价值进行紧密协同，对于这种商业系统的工作特征，我们称之为"数字互依"。

"数字互依"对数字化商业系统与数字化商业主体的工作方式也相应地提出了新的要求——必须合理利用数字技术，并以协同为核心，构建数字化工作系统，即重塑数字化工作战略、打造数字化工作组织与赋能数字化工作个体，我们把这种新的工作方式称为"智能协同"。

领先企业很快就意识到了数字互依与智能协同的重要性，通过数字化转型重构商业系统与活动，并塑造新的工作系统，最终完成了自身发展的数字化加速。但是，这个过程对于每一个企业而言都是独特而又痛苦的，企业不仅需要重构商业系统与活动，并以此为基础重塑工作系统，而且更重要的是要重构工作系统的运作机制。

那么，对于数字经济时代的新商业系统、工作系统与运作机制，企业应如何建立新的认知？又应如何在此基础上规划新的商业活动？而在新的商业活动中，又应如何理解并应对企业与个体的工作特征及工作方式的变化？

我们将从活动的视角出发，解读企业在数字经济时代的生存方式，试图找到数字化商业系统的重构逻辑，并在探索数字化工作系统的构建路径后，观察与总结那些有效构建数字化工作系统的案例。

2.1 企业发展的新局面

新一轮科技与产业革命正在全球展开，以人工智能、区块链、云计算、大数据及大数据分析等为代表的数字技术正向经济社会的各个领域全面渗透，我们已进入以万物互联、数据驱动、智能主导为主要特征的数字经济时代。

数字技术不仅为企业带来了机遇，而且带来了挑战。识别与把握数字化机遇，解读与应对数字化挑战，成为企业在数字经济时代生存与发展的两大核心课题。

2.1.1 数字经济时代的机遇

数字技术的发展和应用使得传统商业活动在时间与空间上被不断压

缩和数字化，而智能手机、智能手表、智能汽车等数字化智能终端的大量涌现加快了数字技术对人类活动的渗透。数字技术在经济社会发展中的作用已经从提升效率和劳动生产率的辅助角色上升到改进生产力的核心位置，进而快速成为企业创造与获取顾客价值的关键因素。数字技术的角色变化为企业带来的新的商业机遇，对企业未来的发展起着举足轻重的作用。

通过对数字经济时代的数据洞察、权威研究报告解读与典型企业实践观察，我们发现了四个对企业发展有重要影响的趋势：数字化商业是数字经济时代的机会；顾客愿意为真正的价值付费；共同创造与获取顾客价值成为商业共识；可量化、可衡量、可程序化的工作都会被人工智能取代。

数字化商业是数字经济时代的机会

数字经济是以数字化的知识和信息为关键生产要素，以数字技术创新为核心驱动力，以现代信息网络为重要载体，通过数字技术与实体经济的深度融合，不断提高各产业的数字化、智能化水平，加速重构经济发展与政府治理模式的新型经济形态。⊖中国信息通信研究院的测算数据显示，2018 年我国数字经济总量达到 31.3 万亿元，占 GDP 比重超过 1/3，达到 34.8%。同年，数字经济发展对 GDP 增长的贡献率达到 67.9%，超过部分发达国家的水平，成为带动我国国民经济发展的关键力量。

企业通过发展与应用数字技术，实现多领域的加速突破，进而涌

⊖ IDC 圈. 中国信通院发布《中国数字经济发展与就业白皮书（2019 年）》[EB/OL]. （2019-04-19）. https://www.sohu.com/a/309109951_210640.

现出各种基于数字技术的新商业、新模式、新业态。如果说互联网、云计算、数字体验、人工智能、数字支付等数字技术让数字化商业与非接触商业成为可能，突如其来的新冠疫情则将这些新业态变为商业的新机会。无论是数字化商业还是非接触商业，企业提早合理利用数字技术进行数字化布局，能为自身带来创造与获取顾客价值的新机会，最终实现穿越危机。

顾客愿意为真正的价值付费

随着社会经济的不断发展，顾客不再仅仅停留在基本需求的满足层面，而是希望获得那些自身认同的价值，甚至愿意为之付出更高的价格。据麦肯锡全球研究院的统计数据与观点，2010 年中国多数城市居民的消费水平仅能满足于衣、食、住、行等基本需求，当时，92%的城市居民家庭可支配年收入为 14 万元人民币或不到 14 万元人民币。但是，2018 年的数据显示，已有一半的中国家庭跻身较富裕家庭行列，可支配年收入达到 14 万至 30 万元人民币。⊖收入的增长让他们在基本生活需求得到满足之后，开始追求更高的生活品质，比如定期外出就餐、购买化妆品、购买平板电脑和假日旅行。不难发现顾客的消费行为发生了改变，他们变得更愿意为价值付费。

共同创造与获取顾客价值成为商业共识

在传统商业活动中，顾客价值是由企业定义的。在此基础上，企业统筹相关价值链上的合作伙伴资源进行价值创造，最后通过交易将顾客价值单向传递给顾客，完成价值获取。但是，数字经济时代的顾客只愿意为自身认同的价值付费，所以企业必须将顾客纳入价值创造与获取的

⊖ 数据来自 2020 年的《麦肯锡中国消费者调查报告》。

过程中，协同所有合作伙伴围绕顾客创造与获取价值。因此，64.6% 的企业认为未来 5～10 年的发展关注点应为打造商业生态。

可量化、可衡量、可程序化的工作都会被人工智能取代

随着数字化基础设施的快速建设，在很多场景中，人工智能和 RPA（流程自动化机器人）等技术已经成为人类必不可少的工具，在某些流程相对固化的工作中，它们的效率甚至比人类更高。在量化衡量的基础上，可进一步程序化、流程化的工作中，机器与智能的迭代速度显然超过了人类的进化速度，但是人类特有的同理心与基于此的创新却难以被超越。如果说效率对于商业发展而言是不可或缺的催化剂，那么基于人类之间相互理解的价值创新则是推动社会进步的根本动力。

数字技术在商业活动中的应用程度的不断加深，带来了新的商业机会，改变了顾客对价值的认知，调整了价值链中各主体的合作关系，打造了全新的机器角色。我们通过调查获得的数据显示，71.2% 的工作者认为自己目前从事的工作将可能被人工智能接管，其中认为目前从事的工作将毫无疑问被人工智能接管的占比 7.2%。这些新的机遇为企业在数字经济时代的商业创新与社会发展带来了新动力，更带来了商业的新机遇。

2.1.2 数字经济时代的挑战

数字技术的发展带来的不仅仅是机遇，随之而来的，还有企业数字化转型的颠覆性挑战，对于数字化进程缓慢的传统企业而言，这无疑是生死攸关的挑战。

数字化转型，企业发展的必选项

在相当长的一段时间内，大多数产业的环境相对稳定，企业发展可以大体通过线性思维进行预测。数字技术不仅改善了传统商业活动，更带来了全新的商业业态与跨界的商业模式。企业可以通过数字化提升自身效率，甚至颠覆原有的行业逻辑，获得指数级增长。因此，数字化转型是数字经济时代企业发展的核心手段，而数字化转型的方向则是结合数字技术创造与获取顾客价值。在突如其来的新冠疫情冲击下，率先布局数字化的企业有条不紊地应对，但对于那些没有开启数字化进程，又或者数字化程度未达预期的企业而言，则不得不被动应战。

能被顾客感知与体验的价值才是真正的价值

数字技术不但提高了企业的生产效率，还通过改进顾客的数字化体验，催生了顾客的多样化、个性化的需求，进而使得顾客对企业提出了新的要求。数字经济时代的顾客价值，已经不再是单纯的传统交易价值了，还包括更重要的体验价值。体验价值产生于顾客参与的交互商业活动，能被顾客明显地感知到，而数字技术能够加强顾客的价值感知与体验。商业活动的重点应该是那些能被顾客感知和体验的价值以及不能被感知和体验的价值，而后者将受到参与价值创造与获取活动各方的质疑，并随着活动发展消失不见。

从零和博弈到价值共生

数字经济时代顾客价值的交互要求，使得企业很难以一己之力完成顾客价值从创造到获取的全部工作。因此，怎么突破工业时代零和博弈的思维，与所有的利益相关者合作共生是数字经济时代企业的一大挑战。数字经济时代的商业逻辑从"求赢"的竞争逻辑转变为"寻找生长空间"的共生逻辑，两者的差异在于：前者将企业放在中心，考虑如何战胜竞争对手，而后者将顾客放在中心，寻求与顾客、价值共创者们的

更广阔的共生成长空间。○

发挥人的想象力，机器承担了大部分的试错成本

在数字技术快速发展的今天，在很多场景中，比起人类，那些可以被量化、衡量进而程序化的工作，机器与人工智能毫无疑问是更高效、更胜任的。因此出现了一种假象，顾客更愿意接受手机中人工智能的建议，而不是身边的人类朋友的建议。人工智能的算法貌似控制了人类，但是细想之下，算法的起点是人类的每一次点击，所以算法是可以被管理甚至"教育"的。认知到人类可以教育算法的时候，便是我们发挥人工智能优势的开端。在将想象中的成功变为现实的过程中，需要经历多次失败，而人工智能可以通过模拟的方式代替人类经历失败，进而降低人类发挥想象力的试错成本。

数字技术带来的新商业无疑是企业发展的好机会，但是在面对需要通过数字化转型才能把握的新机遇，需要通过顾客感知与体验视角才能理解的新价值，从零和竞争到合作共生的新逻辑，以及人与机器的新协同时，如何应对数字经济时代的这四大新挑战是所有企业的新课题。

2.2 新工作方式因时而生○

在机遇与挑战并存的新时代，企业必须对顾客价值有新的认知。在数字化商业活动中，数字技术改变了顾客价值的创造与获取过程，企业

○ 陈春花, 廖建文. 数字化时代企业生存之道 [J]. 哈佛商业评论（中文版），2017 (11): 154-158.
○ 钟皓, 陈春花. 数字化生存与管理价值重构（一）"数字化"穿透顾客价值空间 [J]. 企业管理, 2020(06):102-104.

若继续沿用工业时代的逻辑将难以解读数字化时代的顾客需求与顾客价值。因此，企业需要基于数字化时代的特点，重新洞察顾客需求，并在此基础上重新解读顾客价值。

在工业时代，信息通信等技术相对落后，行业边界明显，商业要素与商业活动的主体及形式较为稳定，在这些条件下，顾客的需求单一且能很好地被企业满足。福特汽车的创始人有一句话能很好地反映当时企业与顾客的关系："我不管你们喜欢什么车，我只生产T型车；我不管你们喜欢什么颜色，我的福特只有黑色。"尽管产品单一，但福特在那个时代依然能够引领汽车行业的发展。顾客需求被企业牵制，顾客价值在企业追求简单交易的过程中已经被获取。此时，企业的发展目标是以更低的成本提供可见的顾客价值。

在今天的数字化时代，企业跨界、打破产业边界成为常态，在数字技术的支持下，商业要素的流动性与连通性不断增强，各式各样的新型企业、意见领袖、兴趣社群、生态平台以及合作伙伴等商业活动主体，通过提供、整合、利用商业资源等多种方式，创造出智慧零售、社区电商、共享出行等各种新商业模式与业态。这在工业时代是企业无法想象也无须想象的。这些新的商业活动通过数字技术极大地推动了消费方式的多样化，提供了个性化消费体验，塑造了需求与消费方式均带有数字化特征的数字化顾客。面对数字化商业活动与数字化顾客，企业的工作方式将面临新的挑战。

2.2.1　商业活动的基本假设与新要求

在工业时代，企业的发展受制于两个基本条件——恒定的市场边界和产业条件,以及基于环境制约的差异化或者低成本。因此,企业的商业活动只能发生在既定的产业边界内,并以此为基础打造自身的商业模式与发展策略,选择以更高的价格提供更高的顾客价值,或者以更低的成本提供顾客可以接受的价值。随着同行业内各企业的发展,企业之间相互挤压商业活动中对方可见的顾客价值空间,最终形成产业内的激烈竞争。

大部分传统企业都是在仅有的顾客价值空间内制定自身的发展路线,这将导致在顾客相对集中的空间内,各个企业会瞄准竞争对手的顾客价值空间,在同一空间相互挤压,最终双双落入竞争的红海。即便随着行业的发展,顾客价值空间会"被动"拓展,但不断加入的新企业会快速将其变为另一片红海。依旧保持以选择更高顾客价值或更低相对成本为主要特征的工业时代旧认知,甚至在此基础上构造商业活动系统与打造管理体系,只会使企业与新机遇擦肩而过,无法追赶数字化时代的新发展脚步。

面对这种情况,企业该如何突围?来到了数字化时代,在数字技术及数字化商业资源的支持下,企业发展的关键在于"加速度"。在数字技术的赋能下,企业与消费者的合作,与合作伙伴的协同,快速地提升了顾客价值,降低了相对成本,完成了新产业组合的价值探索,突破了原有的产业边界,创造了新的顾客价值空间。

数字化时代的技术发展,带来了由数字化顾客价值和数字化相对成本组成的数字化顾客价值空间。数字化企业发展的关键在于如何构建新的数字化顾客价值空间,并提高构建该价值空间的速度。企业从突破围绕原有价值变现的旧顾客价值空间,到构建好以新价值创造为核心的新顾客价值空间,必须经过一个价值探索的过程,即重组产业要素的过程。企业通过数字技术打造新产业组合，便可获得从旧顾客价值空间进入新顾客价值空间的"加速度"（见图2-1），这种"加速度"反映了企业数字化发展从二维平面到三维空间的数字穿透。"加速度"不仅体现为企业如何理解数字化顾客需求，创造数字化顾客价值，降低数字化相对成本，构建数字化顾客价值空间等数字化商业活动系统的重构过程，更体现为企业数字化管理体系的变革过程。

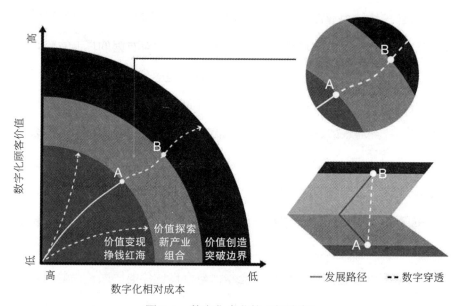

图 2-1　数字化企业的"加速度"

2.2.2　协同逻辑下的商业活动与管理系统

如果说，企业应对新挑战的关键在于认知数字化"加速度"给企业发展带来的新逻辑，那么对数字穿透后的新商业活动和新商业活动系统的认知突破便是企业提升"加速度"的必要条件。

随着视频网站的不断发展，跟着网络美食博主学习烹饪菜肴成为城市白领的休闲活动。但在传统商超，因其场地与人员成本等因素的制约，产品种类会限制在一定数量内，在食材的烹调方式、储藏等售后服务方面也有待提升。这使得顾客无法仅通过传统商超完成烹饪前的准备。传统商超基于对顾客需求的简单理解，寻求构建相对成本更低的商业活动系统，将自身局限在狭小的旧顾客价值空间内。具体而言，一方面，传统商超以与顾客完成交易为目的，无须提供多样化的售后服务，更不用指导顾客如何烹饪美食，进而影响了顾客的购买意愿。另一方面，出于相对成本的考虑，传统商超租用面积相对有限的店面，选择相对单一的产品供应商，使得用于展示与储存所售产品的空间以及所售产品的多样性受限，进而限制了顾客对产品的想象与可购买组合。

数字化企业基于技术赋能构建的新商业活动系统，通过集合多个主体的智慧，创造出新数字化顾客价值空间，完成了数字化顾客价值的创造与获取。与传统商超相比，京东京选跳出面积有限的店面，深入社区，选取生活经验丰富的社区业主为"团长"，并帮助其通过网络社交工具建立社区数字化社群。在社群内，"团长"根据京东京选数字化平台上提供的果蔬供应信息，分享自身对新鲜食材的挑选心得，推荐精选果蔬，甚至拍摄烹饪视频，通过数字化手段"创造"顾客价值，并根据社群预订下单的情况，确定社区每天所需货品的种类与数量。京东京选与社区物业合作，以提升社区业主与住户的生活质量为目标，先选取一部分社区区域用于当日货品存放，再通过"团长"在数字化社群发布通知和顾客自提货物的方式，完成顾客价值获取。

通过将顾客价值与相对成本的数字化，京东京选完成了对传统商超行业的数字穿透。在一系列创造顾客价值的商业活动中，直接参与顾客价值活动的"团长",间接参与企业产业价值活动的本地供应商,都深度参与了企业创造与获取数字化顾客价值的活动,并在此过程中扮演了关键主体的角色。

工业时代的商业活动均围绕企业开展,而根据商业活动是否直接产生顾客价值,企业将商业活动分为直接价值活动与间接价值活动,并以此为基础确定各项边界分明的职能活动并进行管理。然而,数字技术赋能企业协同业务,使产业伙伴突破传统商业活动中的顾客价值空间的边界,并围绕数字化顾客价值构建与拓展全新的数字化顾客价值空间。在此空间中,以顾客价值为出发点,企业通过数字技术协同更多的主体(如消费者意见领袖等业务伙伴、共享工作平台等产业伙伴),参与顾客价值创造与获取的数字化商业活动。以企业为核心的传统活动认知不利于我们对这一新商业活动的理解。因此,我们需要一个新的商业活动认知框架。

我们站在企业的视角,以数字化顾客为新商业活动的核心,依据主体间的互动关系与活动方式,对多主体参与的数字化商业活动进行分类(见图2-2):

- 数字化业务活动,基于数字技术与顾客直接互动,并以此创造和获取顾客价值的多主体商业活动。
- 数字化产业活动,基于数字技术与顾客间接互动,是能够创造与获取顾客价值的必不可少的多主体商业活动。
- 数字化运营活动,基于数字技术与顾客直接或间接互动,是能够提升创造与获取顾客价值效果与效率的多主体商业活动。

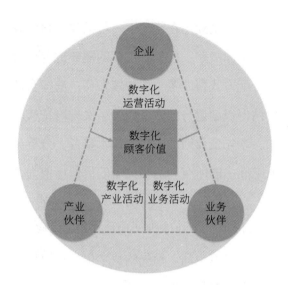

图 2-2　数字化顾客价值空间内的主体与活动

企业创造与获取数字化顾客价值过程的核心在于了解数字化顾客及其数字化消费方式。数字化顾客的更多样的社交需求、更认同的品牌需求、更个性的购买需求与更及时的服务需求，促使他们在数字化商业活动中更在意数字化消费方式带来的价值体验。为满足数字化顾客的新价值体验，企业与工作者在数字化商业活动中的工作方式亟须进行相应的数字化变革。围绕数字化顾客价值，利用人工智能、云计算等数字技术，协同业务伙伴、产业伙伴打造数字化商业活动和场景，承担数字化角色与做出相应的数字化行为成为企业数字化管理变革的重要问题。

围绕数字化顾客价值创造与获取的多主体商业活动，企业的人力资源体系必须具备与其他主体协同共生的能力，企业的价值评估体系应能对活动中的数字化顾客价值进行可持续的评估。为了数字化商业活动系统的高效运行，领先的企业已在行动——包括与参与商业活动的其他主体规划协调的人力资源战略；根据各主体的需要进行人力资源赋能；通过合理的评价与分配方式帮助各主体持续发展；选择合理的连接机制确保数字化顾客价值得以创造与获取。而为了实现可持续的数字化顾客价值的创造与获取，领先企业则通过数字技术整合、分析与应用数据和信息，以顾客价值空间中的所有利益相关者的价值增值为目标，进行更全面的价值评估。

数字技术不但提供了企业发展"加速度"的动力，而且拓展了企业以往所认知的顾客价值空间。领先的数字化企业已经通过协同业务伙伴、产业伙伴打造全新的数字化商业活动，创造与获取了数字化顾客价值，并以此建立了更高效的新管理系统。

在现实的商业活动中，智能协同实践的案例越来越丰富。数字化顾客价值源于多主体的交互，因此在商业活动的交互场景中，各主体之间的沟通与协同是否有效是新工作方式能否落地的关键。

我们先来看看数字化业务活动的沟通和协同价值。在数字化业务活动中，各主体通过互联网平台和通信软件，以直播、视频会议、即时通信平台等多种形式，与顾客直接互动，并以此在价值场景化、价值引导、价值互动与价值分享等方面提升顾客体验价值。比如完美日记通过与目标顾客沟通，发现目标顾客会因为美妆产品精美的包装和风格各异的色彩搭配而心动，因此完美日记联合社交平台意见领袖，将自身产品作为后者创作内容的基础，协助其在社交平台上推广相关内容至目标顾客，以此提升目标顾客对产品的认知。另外，完美日记还鼓励目标顾客在社交平台上与其他顾客分享使用心得和体验，通过更多生活场景的价值引导，进一步促进顾客产生对品牌的信任。完美日记通过和顾客沟通与协同，将售卖美妆产品的生意变成了探索与分享美妆的体验。

我们再来看看数字化产业活动的沟通与协同价值。在数字化产业活动中，除顾客外的各商业活动主体借助数字技术进行沟通与协同，为创造与捕获顾客价值共同努力。比如互联网服装品牌韩都衣舍通过监控平台实时数据，了解顾客的实时购买需求，在协同产业伙伴的基础上，以小批量、多返单的方式，不断调整自身的产业活动。

我们同样可以看到数字化运营活动的沟通与协同价值。为提升数字化业务活动和数字化产业活动的效率与效果，在数字化运营活动中，所有的数字化活动参与方都需要数字技术的帮助，甚至直接由人工智能完成所有工作。比如：阿里巴巴围绕同一个数字化顾客 ID，通过淘宝提供数字化业务活动的价值展示与协同平台，以阿里巴巴采购批发网（1688）和阿里巴巴国际站提供数字化产业活动的沟通与协同平台，再配以菜鸟网络、口碑网、蚂蚁金服提供物流、本地服务与在线支付服务，从多个方面提升创造与获取数字化顾客价值的效率。

2.2.3 新商业活动与管理系统[一]

2020 年春天，在在线化、数字化成为必然的大形势下，不难发现，数字技术早在不知不觉中渗透了商业活动和组织工作活动的方方面面。数字技术不仅塑造了数字化顾客与数字化商业活动，还带来了完全不同

[一] 陈春花，钟皓. 数字化转型的关键：构建智能协同工作方式 [J]. 清华管理评论，2020(10):44-49.

的顾客价值创造与顾客价值体验。而数字技术带来的这些变化，对企业也提出了全新的工作方式与组织运营模式的要求，所以企业必须跳出原有的服务于旧商业模式的工作方式和组织运营模式，必须更新自身的工作方式和数字商业活动管理系统。

数字技术深刻地改变了商品（服务）的提供、生产与配送、交易与支付等方式，给顾客带来了数字化的新体验。远超商场货架数量的商品、足不出户就可以收取的快递、简单扫码便能完成的手机支付……这些数字化体验让顾客对数字化时代的企业有了新期待。

为满足数字化顾客的期待，数字化企业通过创新商业活动与模式，在原有顾客价值的基础上，提升顾客在商业活动中的全过程体验，拓展了新的顾客价值空间。

这些现实需求的改变，让我们不得不关注一个事实，即顾客的数字化能力水平和数字技术运用的普及程度有可能超过很多企业的数字化能力。如果这个判断是正确的，那么对于很多企业而言，这无疑是一个亟待解决的问题，否则，从表面上看是数字技术淘汰了一些企业，而事实是顾客淘汰了这些企业。后者是更为根本的原因，也是更加令人担忧的原因。任何一家企业，最可怕的就是因跟不上顾客的成长而被淘汰。

数字化商业活动与模式颠覆了传统企业原有的顾客价值空间，使得其固有的行业边界、企业护城河逐渐失去意义。传统企业不得不努力地理解数字化带来的变化，甚至主动寻求数字化转型，但是问题依然得不到解决。而更令传统企业不解的是，即便它们引进了各种各样的数字技术，它们中的大多数依然无法找到数字化顾客的新价值空间。造成这种现实困境的原因是，大部分企业的数字化转型提升的只是原有的顾客交易价值，而非数字化顾客体验价值。

企业要想真正实现数字化转型，不仅要有数字技术手段，更要有对顾客价值端的感知。我们对实现顾客体验价值的商业活动展开研究，通过分析商业活动的数字化过程，寻求与之发生互动关联的企业运营活动的变化，从中界定关键工作活动的变化，进而获得我们所需要的解决方案。

数字技术改变了传统的经营观念。进行商业活动分析，需要先从经营观念入手，因为不同的经营观念，会带来不同的商业活动设计。传统的经营观念认为，企业可以凭借自身能力整合行业资源来创造顾客价值。在这种经营观念的指导下，商业活动会以企业的产品或者服务为出发点，通过向顾客销售产品或服务，完成顾客价值的获取。基于此，企业会选择围绕自身资源、能力建立相对独立的业务模式、组织模式与企业间协作模式，其核心是获取能够平衡规模与成本的最佳商业模型，并以"交易达成"为最终目标开展一系列的商业活动并构建商业活动管理系统。

秉持传统经营观念的典型代表是工业时代的制造业企业。它们实现高增长的商业模式，以不断优化成本结构和扩大销售规模为核心，以标准化与规模化为基本特征，而企业的组织运行模式也是为了匹配这种商业模式而设立的，寻求效率成为组织管理的核心，而由此诞生的层级结构和稳定的组织形式则成为基本工作活动形态。

在数字经济时代，数字技术的发展极大提升了生产与创新的效率，数字化顾客可以更轻松地获得各种产品或服务。因此，比起通过商业活动获得产品或服务，数字化顾客更关注在整个商业活动过程中自身的个性化体验（包括：参与产品/服务的"研发"、定制"专属"产品/服务、与品牌方互动"改变"相互之间的认知、与其他顾客分享与交流心得等）。与由企业主导创造的顾客交易价值不同，数字化顾客体验价值必须在数字技术赋能下，由顾客和产品生产者、服务者、企业及其合作伙伴等商业活动主体（参与者）之间的一系列复杂互动所创造。

这就完全改变了传统的经营观念。在数字技术带来的全新经营观念之下，企业无法单纯依靠自身能力来完成顾客价值的创造，而是需要通过顾客自身、相关联的外部合作伙伴共同参与的方式来创造顾客价值。同样地，在这种新的经营观念之下，商业活动会以顾客价值体验为出发点，通过与顾客、合作伙伴共创价值的方式，完成顾客价值的获取。

多主体互动的价值创造方式，意味着在数字化顾客体验价值的创造过程中，所有商业活动的参与者，如企业、合作伙伴、社会团体、政府，甚至顾客和人工智能，都是顾客价值的创造者。有别于以企业为主体的商业活动中相对单一的角色，在围绕数字化顾客价值的不同商业活动中，这些参与者的角色是复合的。

秉持新经营观念的典型代表是互联网企业。新兴的互联网企业获得增长的商业模式，是以不断构建与顾客的互动为核心，以连接与共生为基本特征，而企业的组织运行模式也是为了匹配这种商业模式而设立的，寻求共生态成为组织管理的核心，而由此诞生的网络结构和动态组织形式则成为基本工作活动形态。

在商业活动中，各个复合角色在多种场景中的多种行为组合拓展了顾客价值获取方式的多样性。在数字技术的赋能下，领先企业已经通过运用商业活动管理系统，设立复合角色，构建多场景与促进交互行为的方式，最终创造与获取顾客价值。

数字化带来了经营观念的改变。企业如果想要开展符合新经营观念的商业活动，跟上顾客价值的变化，就需要围绕新商业活动开展组织运行。传统企业之所以无法跟上顾客价值的变化，就是因为被围绕其自身所建立的相对单一的业务模式、组织模式及企业间的协作模式所限制。

企业要想突破限制，必须重新认识商业活动与商业活动管理系统。在工业时代的商业活动中，企业为了提高自身的稳定性与效率，单方面割裂价值链上的各个商业活动场景，并将所有商业活动的主体视为自身的延伸，固化流程，分配角色，严加管控，打造业务模式、组织模式和企业间的协作模式，进而构建成商业活动管理系统。

在创造与获取数字化顾客价值的过程中，数字技术不但重组了被相互割裂的商业活动场景，还重构了各商业活动主体的互动过程。企业重新设计数字化的动态交互场景，设定复合的数字化角色，并通过数字化赋能与协同各商业活动主体，以多方互联的价值网络为目标，构建数字化商业活动管理系统。

迈克尔·波特的价值链分析法，能够有效地帮助我们快速理解商业活动与商业活动管理系统（见图 2-3）。波特的价值链分析法以企业为主体，通过对企业的主要价值活动进行分析，了解企业竞争优势的主价值链以及价值支撑活动的分布，从而确定企业围绕价值活动所构建的组织管理系统。

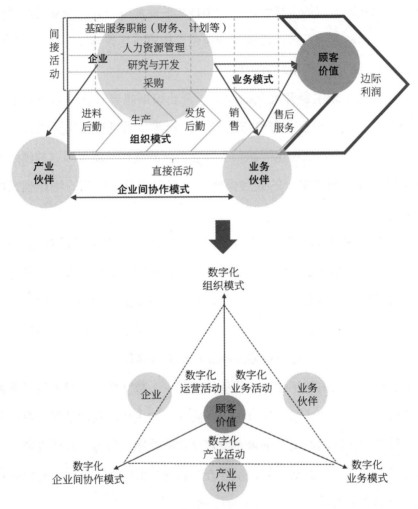

图 2-3　数字化商业活动管理系统的更新框架

我们同样采用其价值链分析的框架，但是不再以企业为主体，而是从顾客价值的视角来理解商业价值活动以及商业价值活动的管理系统。以顾客价值为主体的视角，要求我们既要关注企业内部的价值链，也要关注企业之外的多主体互动产生的价值。因此，我们在波特的价值链分析法的基础上，以数字化顾客价值为核心，从企业商业活动的价值分析出发，提出数字化商业活动管理系统的更新框架。

在数字化商业活动管理系统的更新框架中，核心是顾客价值，围绕着顾客价值展开的数字化活动分别是数字化运营活动、数字化业务活动和数字化产业活动。为了构建数字化商业活动的管理系统，应重点关注顾客价值。企业需要借助数字技术，与业务伙伴、产业伙伴共同拓展数字化商业活动的边界，通过构建数字化业务模式、数字化组织模式和数字化企业间协作模式，颠覆原有的商业活动与商业活动管理系统。换句话说，企业只有构建了数字化业务模式、数字化组织模式和数字化企业间协作模式，才能够实现围绕顾客价值创造的商业活动。

因为只有将这三种数字化模式相组合，才能创造全新的企业价值空间，才能最终深刻改变各主体之间的工作方式。因此我们明白了一个核心关键点——数字化企业与传统企业之间最根本的差异并不是对数字技术的理解不同，也不是能不能理解新经营观念，而是有没有意识到影响数字化商业活动的关键是各主体之间工作方式的改变。继续沿用原有的组织工作方式，根本无法实现数字化转型。

2.3 数字化工作系统与工作方式

数字技术带来了新的顾客价值空间，同时顾客价值的创造与获取方式也发生了改变，而企业据此构建的数字化工作系统赋予了数字化工作者更灵活自主的工作安排与更大的工作能力成长空间，这在一定程度起到了提升工作成效的作用,并让企业对数字化工作者及其工作方式有了新要求。

2.3.1 高工作成效与实现路径

为提升数字化工作者的工作成效,数字化企业以改进工作绩效为目标,创新工作系统:由原来关注顾客交易价值的工作系统转向关注顾客体验价值的工作系统。然而,看似高效的数字化工作系统,却总因为新工作者的慢成长与优秀工作者的快离开,低效地运作着。造成这种困境的原因是,在工作系统与工作方式的数字化变革中,大部分企业改变的只是分配固定任务与管控工作者行为的工作形式,而非针对创造顾客价值与赋能工作者成长的工作系统进行变革。

数字技术改变了取得工作成效的方式。在工业时代,顾客价值的创造主要取决于企业对外部资源的有效整合与对内部资源的高效运营。因此,工作者主要通过做出企业规划的关键行为,完成企业安排的具体任务取得工作成效。在这种传统的取得工作成效的方式中,工作者的能力和意愿是影响工作成效的两个核心因素。

体现传统工作成效获取方式的典型管理工具是工业时期的封闭式岗位设置与行为绩效管理。企业基于对工作者的一般能力假设使用这些工具,目的是提高产出效率。为了帮助一般工作者取得工作成效,企业单方面确定岗位设置与工作任务,通过指定工作者的关键行为,确保工作者完成任务。企业的人力资源管理实践与工作方式也基于这一取得工作成效的关键而构建,因此,工作者只需具备平均水平或以上的能力,做出标准化行为即可取得工作成效,这使得工作任务管理与工作行为控制成为工作系统的关键。

数字化时代的技术赋能，使得工作者等各方与顾客的互动对数字化顾客价值的创造产生了重要影响。因此，在符合企业价值主张的前提下，工作者能否获得授权与赋能，协同其他利益相关者直接创造顾客价值成为取得工作成效的关键。与此同时，数字技术的发展不但使得工作者获取理论知识与实践经验的成本大大降低，而且拓展了工作者的视野，升级了工作者的认知，最终大大提升了工作者的能力与成长速度。

无论是数字化顾客价值创造的新方式，还是工作者成长的新速度，都让数字化工作者更在意自身所创造的顾客价值与可预期的能力发展前景。而只有在数字技术赋能下，企业与工作者就创造数字化顾客价值达成共识，并在此基础上，以共同规划的工作战略目标为起点，数字化工作者才能凭借动态工作能力，协同利益相关者，最终完成创造数字化顾客价值的目标。在新的取得工作成效的方式中，工作者根据自己对战略目标的理解，适时动态调整自身行为的能力、协同利益相关者发展的意愿、参与创造顾客价值的机会成了影响工作成效的三大核心因素。

数字技术带来了全新的取得工作成效的方式，企业不能再单方面设定工作任务，并仅依靠管控工作者来取得工作成效，而是需要通过与工作者树立共同目标，并赋能工作者来取得工作成效。在这种新的取得工作成效的方式之下，企业的人力资源管理实践将转向以顾客价值为共同目标，并在此基础上，通过赋能工作者以数字化工作方式提高工作成效。

数字化工作方式与传统工作方式的差异，体现在取得工作成效的过程中，工作者是否从受企业单方面控制的"任务工具人"转变为"价值共创者"。不同于被企业设立固定路径的角色设定，在数字化工作方式中，工作者既是工作目标的共同管理者，也是结果产出的关键领导者。

体现新的取得工作成效的理念的典型管理工具是目标设计与关键结果管理，合理的目标设计及与关键结果对照，能促进工作者能力的提升，激发工作者的潜能，企业的人力资源管理实践也将为匹配这种新的取得工作成效的方式而设立，以激活、赋能工作者为人力资源管理实践的核心。

2.3.2 重新认识工作系统与实践

在工业时代的工作系统中，人力资源管理实践基于企业是顾客价值创造与获取的主体这一假设。在此类系统中，工作者被视为完成任务的工具人。企业在完成对工作任务的单方面分解后，通过人力资源规划、招聘与配置、培训与开发、绩效管理、薪酬与福利、劳动关系六大模块保证工作者完成工作任务取得工作成效，进而组建工作团队并配备相应的固定管理者角色。在传统的取得工作成效的方式中，企业以流程为导向所构建的工作系统是高效的。

在数字化时代，数字技术不但提升了工作者创造与获取顾客价值的能力，还重新定义了取得工作成效的方式。数字化企业与数字化工作者围绕数字化顾客价值的创造与获取，重新构建工作系统。

数字化工作系统的认知更新框架（见图2-4）能够有效地帮助我们理解工作系统与人力资源管理实践的关系。

当工作者不再通过完成工作任务来取得工作成效，而是直接创造与获取顾客价值时，我们就必须以顾客价值为核心来理解工作系统与人力资源管理实践。数字化工作系统的认知更新框架的核心是数字化顾客价值,数字化企业与数字化工作者根据数字化顾客价值制定价值目标与规划,并通过价值赋能助力数字化工作者更好地创造数字化顾客价值,并在合理的价值评价与分配模式下,以价值连接与契约机制保证数字化顾客价值的持续产出。

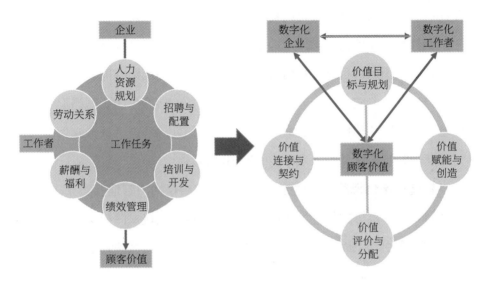

图 2-4　数字化工作系统的认知更新框架

企业只有将数字化顾客价值视为工作成效的核心,才有助于数字化顾客价值的创造以及数字化工作者的成长。这样的认知变化最终将深刻改变企业的工作系统与人力资源管理实践。因此,数字化企业与传统企业使用的管理工具之间最根本的差异并不是数字技术的应用,而是工作系统的核心设计。继续沿用原有的工作系统,根本无法提升工作成效。

2.3.3　数字化工作模式

以完成工作任务为核心的工作系统,将管控工作者视为其工作模式的根本，而数字化工作系统则围绕数字化顾客价值的创造与获取建立敏捷团队，更关注快速响应数字化顾客价值，以赋能工作者并协同团队中所有工作者达成更高目标为核心。我们把这种数字化工作系统中的工作方式称为数字化工作模式。数字化工作模式有三个核心要素：组建数字化团队、塑造数字化领导力以及打造数字化个体。

组建数字化团队。工作者的工作成效由完成任务转向创造数字化顾客价值时，团队的目标将从由管理者分配转变为由团队共同承诺。团队分工与合作的方式由统一分配任务和单一角色，转变为团队动态配合和复合角色。团队的控制与反馈形式，也由阶段性的静态考核转变为基于过往背景、当前成果与未来可能的动态观察。

塑造数字化领导力。过往的工作任务和路径均由管理者独立决定，并通过目标逐层分配与行为直接管控进行管理。在技术的帮助下，工作目标的设定由自上而下的分配转为管理者与工作者共同规划目标，对照双方工作进度共同推进。

打造数字化个体。数字技术赋能工作者并提升其工作效率已经成为当下趋势，但大多数的工作者仅停留在能够在数字技术的帮助下完成任务的阶段。真正的数字化个体是个体在对数字技术有了全面理解，对价值目标有了清晰认识后，从思维逻辑（基于数字经济的共生思维）、认知视角（商业活动的系统视角）到具体行为（一切围绕顾客价值创造的行为）的全面数字化。

数字技术全面提升了工作成效，并正在改变工作系统的运作方式与工作者的工作方式。企业如果希望在数字化时代取得更好的工作成效，跟上工作者的发展，就需要更新自身取得工作成效的方式，将以完成任务为中心的传统工作系统变革为以顾客价值创造为中心的数字化工作系统，并在此基础上打造数字化工作模式。

2.4 智能协同的变革路径与管理实践

以企业为中心的商业活动管理系统，将管控其他主体视为根本。而数字化商业活动管理系统是建立在数字化顾客价值的基础上，以协同其他主体为其管理系统高效运作的核心。我们把这种新管理系统的工作方式称为"智能协同"。智能协同的工作方式包括三个核心部分：数字化工作战略、数字化工作系统以及数字化工作模式。

2.4.1 工作方式的数字化转型

企业可以通过设定数字化工作战略、建立数字化工作系统以及构建数字化工作模式逐步完善自身智能协同的工作方式。

设定数字化工作战略。企业将数字化顾客价值作为所有工作的根本出发点时，所有工作场景的构建目标将由注重交易转向关注互动，岗位设定由按流程制定的岗位转向按顾客价值制定的复合设计，而各角色的具体行动判断标准则由严格的流程步骤转为能否创造与获取更大的数字化顾客价值。

建立数字化工作系统。过去工作的目标与路径均由企业独立决定，在技术的帮助下，现在企业设定工作目标与规划路径时，将协同所有参与数字化商业活动的主体。依据工作目标与路径，企业能够建立可赋能的、协同数字化商业活动各参与方的人力资源管理模式，以及可对各参与方进行合理价值评价与分配资金的财务管理模式，并在此基础上建立数字化工作系统，打造数字化工作组织。

构建数字化工作模式。围绕数字化工作战略，在数字化工作系统的支持下，数字化工作组织中的团队沟通与协作效率大幅提升，团队中领导的角色甚至可以依据需要进行变化与转移，因此，个体的价值得到了极大的释放。具体而言，一方面个体通过智能终端以数字化的身份进入超越时空的线上数字世界，协同线上的其他商业活动主体，创造与获取顾客价值；另一方面，个体通过人工智能等技术的帮助，提升线下多主体协作的效率，最终达到以更高的工作效率完成工作目标的目的。

数字技术塑造了数字化顾客与数字化商业活动，并带来了数字化顾客价值，这是今天显而易见的变化。企业如果希望获得新的发展，跟上顾客数字化的步伐，就需要跳出以自我为中心的商业活动管理模式，更新自身的数字化商业活动管理系统，进行工作方式的数字化转型，打造智能协同的工作方式。

2.4.2　海尔的"人单合一"数字化工作战略

海尔作为"智慧家庭解决方案提供者"，已经超越传统企业，成长为商业生态体，并展现出超强的增长活力，这与其"人单合一"战略有着密不可分的关系。

2005 年，张瑞敏在海尔全球经理人年会上提出了"人单合一"的全球化发展战略。此后，在海尔不断的实践中，"人单合一"的内涵与外延持续更新。海尔认为，人指的是员工，单就是用户的需求和用户的体验，把员工和用户连接在一起就是"人单合一"。

　　基于商业活动的视角，我们认为，海尔"人单合一"的本质是以数字技术为基础，将价值需求者的需要和价值创造者的回报通过数字化商业活动连接在一起的数字化工作战略。我们可以从商业活动的两个变化中窥得"人单合一"的真谛：一个是产业中所有商业活动的参与者，从零和博弈的各方变成了共生的整体；另一个是所有的商业活动的具体过程从交易转变为交互。

　　从产业经济学的角度来看，海尔所在的家电行业已经进入了"成熟期"，这意味着行业内竞争的白热化，也意味着到达了行业和企业的成长天花板。而由互联网发展推动的顾客力量的崛起，以及千人千面的需求，更是叠加在行业因素上成为海尔变革的动力。

　　与传统企业通过单方面定义顾客价值并就此与行业内的其他企业展开竞争不同，海尔通过海尔社区、第三方电商网站、社交网络等多种互联网界面，实现与顾客的交互，在此过程中确认顾客的真实需求，进一步开发产品，并将其打造为创造与获取顾客价值的接口。通过与顾客的交互，对顾客价值的聚焦及其接口的把握，海尔有了联合所有商业活动参与者（包括顾客），共同为顾客提供更多价值与解决方案的可能，突破了行业的增长边界，打开了数字化"加速度"的成长大门。

　　与传统企业通过任务和流程构建的内部商业活动不同，海尔通过价值创造者与顾客的交互构建商业活动，突破了企业的边界，激发了创造与获取顾客价值的无限可能。具体而言，传统企业以自身定义的顾客价值为基础，将创造顾客价值转化为工作目标，进而分解并下发至每个部门与员工，最后由企业衡量员工所创造的价值并进行价值分配。但由于企业受限于所在产业与自身的资源，单方面的顾客价值决策使得企业无法满足数字经济时代顾客的价值需要。而在海尔的商业活动中，在产业平台、专业平台与大共享平台提供的资源支持下，"节点小微"提供各种职能服务，同时适时衡量活动过程中顾客价值的创造与获取，"用户小微"则可以通过与顾客交互，更好地设计产品与提供服务，最终达到更高效地以顾客为核心创造与获取顾客价值的目的，并达到在商业活动中合理分配价值的目的。

"人单合一"的数字化工作战略充分展现了海尔对数字经济时代顾客价值与商业活动变化的新认知，其围绕顾客价值所开展的一切商业活动，都是为了将价值创造者与价值需求者之间的价值传递做得更加精准与高效，而这也是海尔能在数字经济时代基业长青的核心原因之一。

2.4.3　安踏的"价值零售"数字化工作系统

安踏凭借其超高的营收规模、经营效率和品牌组合，已经成为目前中国运动消费品牌在全球舞台上的代表企业。安踏成功的关键之一，是采用了由超过1.2万家店铺的零售网络织成的"价值零售"模式。

围绕消费者价值来创造成长空间的"价值零售"模式，是安踏的战略重点。具体而言，安踏围绕消费者需求来提升消费者价值，促使企业与社会、行业、上下游企业、员工、股东以及消费者建立共生互惠的关系。

基于商业活动的视角，我们认为安踏"价值零售"的本质是在数字技术的赋能下，围绕价值需求者的需求，连接所有商业活动参与者所构建的数字化工作系统。我们可以从工作系统中的两个变化中了解"价值零售"的数字化工作系统：一个是商业活动从单纯的价值转移交易场景变为复杂的价值创造交互场景；另一个是商业活动中，数字化工作组织的重心，从交易达成变为创造与交付价值。

不同于传统门店以交易为核心的工作场景，安踏的智慧门店通过智能化电子导购、云货架、压杆互动屏、安踏优Mall和仪器测鞋等五个"智慧功能"，打造了更全面、有趣的交互场景，并完成了有针对性的价值交付。在交互与交付的过程中，安踏洞察了消费者的偏好，并将消费者偏好的相关数据提供给生产研发环节，使其做出相应的调整。安踏通过打造数字化工作场景完成了数字化价值创造与交付的闭环，提升了消费者价值，达到了"价值零售"的目的。

"价值零售"目的达成的背后离不开数字化工作组织——安踏门店管理效能提升的支持。在数字技术的赋能下，安踏通过建立财务体系、人力资源体系、零售能力系统和"校准经营"系统，用运营、商品、财务、渠道、人力资源等5个维度25个指标，围绕价值交付，对标标杆门店与店长，进行其他门店与店长的管理分析，保证数字化工作系统价值交付管理的效率。安踏将经销商集中订货调整为单店订货，通过标准化、流程化的方式对门店选址、装修、商品展示、促销活动等推行精细化管理，保证了数字化工作系统价值交付管理的效果。

"价值零售"数字化工作系统体现了安踏对在数字经济时代中的工作系统与工作组织在价值创造与交付过程中所扮演角色的新理解。其围绕顾客价值打造的数字化工作系统与数字化工作组织，都是为了更好地为消费者创造并交付价值。这也是安踏能在数字经济时代成为中国运动消费品牌优秀代表的核心原因之一。

2.4.4 金蝶的"智能协同"数字化工作模式

金蝶作为中国云服务企业领军者,已经协助众多企业完成了数字化转型,并在此过程中展现了自身在数字经济趋势下的发展潜力。在金蝶快速发展的过程中,"智能协同"的工作方式发挥了不可替代的作用。

通过帮助企业完成数字化转型进而助力其在数字经济时代成长,是金蝶的价值主张,而金蝶人便是通过"智能协同"的工作方式践行此主张的。具体而言,金蝶以数字技术为基础,以为客户企业构建适应数字经济时代的企业业务能力为目的,塑造数字化工作模式。

基于商业活动的视角,我们认为金蝶"智能协同"的本质是在数字技术的赋能下,使工作者可以超越时空界限高效参与价值创造与交付的商业活动过程,并在此后获得合理回报的工作模式。我们可以从工作者效率的两大转变中理解"智能协同"的数字化工作方式:一个是工作导向的转变,即从工作流程导向向价值创造导向转变;另一个是个体工作效率提升,即从低效手工操作向高效数字技术协同操作转变。

传统企业以工作流程为核心,而金蝶的工作方式则是以顾客价值为核心的。当顾客提出价值诉求时,金蝶人可以通过智能协同云与企业内部相关部门、生态圈内的相关企业人员,在工作平台上即时建立线上沟通渠道,并在企业授权范围内同步相关数据与信息,为满足顾客需求、创造顾客价值做好充分准备。在此基础上,所有参与商业活动的金蝶人都可以通过数字化的智能决策方式达成共识,并以最快的速度完成资源的调用与整合,创造并交付顾客价值。

能够高效创造与交付顾客价值体现了金蝶人的协同工作效率,而高协同工作效率源自高个体工作效率。首先,在智能协同云的帮助下,金蝶人在日程安排、会议发起、数据分析、信息处理和决策制定等方面都突破了时间与空间的限制,使得随时随地地完成工作成为可能。其次,智能协同云的人工智能助手帮助金蝶人完成了大量程序化的重复工作,让他们可以更专注于创新顾客价值。最后,智能协同云通过数据收集、分析与展示的方式持续助力金蝶人改进自身的工作效率。

"智能协同"数字化工作方式突显了金蝶对数字经济时代工作方式的全新诠释,更好地提升了工作者的协同效率与个体效率。这也是金蝶能在数字经济时代引领企业云服务市场的核心原因之一。

结语与展望

数字技术带来了新的商业机会,也颠覆了旧的商业逻辑。新时代的变化,难以用旧逻辑进行阐释。因此,我们试图以活动的视角观察商业底层逻辑的变化,解读企业发展路径的改变,解构企业管理模式的变革,并从工作战略、工作系统、工作模式三个层次理解数字技术带来的商业活动变化。在此大变局之际,通过观察与总结领先企业把握机遇与应对挑战的活动过程,我们发现,在数字技术的赋能下,所有商业活动的参与方均通过交互改变了顾客价值的创造与获取,形成了数字互依的工作特征。因此我们认为,企业必须以智能协同的工作方式加以应对,方能顺应数字经济的发展趋势。

新人力资源管理模式

在数字经济时代,不确定性剧增,越来越多的企业面临艰难的转型。人力资源部门(human resource department,简称人力资源部)作为企业的重要的部门,其价值一直为企业管理者所诟病。早在1996年,托马斯·斯图沃特(Thomas W. Stewart)就在《财富》杂志发表了"炸掉人力资源部"的言论。在他看来,人力资源部的雇员80%的时间都用在了行政事务处理上,而这些行政事务事实上可以让其他部门用更少的时间处理,或者直接外包给第三方公司。HR部门经理根本无法明确他们对价值增值的具体贡献在哪里[⊖]。2014年7月,管理大师拉姆·查兰(Ram Charan)在刊登于《哈佛商业评论》的文章中指出,人力资源部门效率低下,应该被分拆,他强调应撤销的不是人力资源部

⊖ Stewart T A, Woods W. Taking on the last bureaucracy[J]. Fortune, 1996, 133(1): 105-107.

门执行的任务，而是整个人力资源部门本身。人力资源应该分拆为行政人力资源（HR-A，主管薪酬和福利，直接向 CFO 汇报）和领导力与组织人力资源（HR-LO，关注员工的业务能力，直接向 CEO 汇报）[⊖]。这给人力资源从业者带来了极大的焦虑感与生存挑战。

在新冠肺炎疫情期间，很多企业遭遇了严重危机。一些企业的人力资源管理部门也力图发挥自身作用为企业贡献价值。例如，云南某龙头企业的人力资源总监（HRD）冯某给公司提交了一份《关于疫情下人工成本控制的报告》，不曾想却"一石激起千层浪"，遭到了公司 CEO 愤怒的反击（见下文），并引发了 HR 从业者与企业管理人士的热议。

冯总监：

你发来的《关于疫情下人工成本控制的报告》我收到了！

首先，我想表达的是：HR 团队很辛苦，疫情下你们做了很多工作！但是"没有功劳也有苦劳"这句话早已不是这个时代对于一个人价值判断的标准了！

其次，你知道吗？公司就剩最后一口气了！公司快死了！董事长为此已经连续两天没有休息了！

你所提交的报告，洋洋洒洒近百页，结构工整，图文并茂，让我看到了一个 HRD 该有的文字功底和系统化思维的严谨。但说实话，我看此报告时滑动鼠标的速度比以往任何时候都快，我试图在字里行间找到一个 HRD 在公司危难之际提出的建设性意见，然而，终究我还是失望了！

这个报告让我感到恐惧，让我感到悲哀！

我们所处的行业受疫情影响最严重，春节档的营业收入几乎为零，

⊖ Charan R. It's time to split HR[J]. Harvard Business Review, 2014, 92(7): 33-34.

甚至到现在都不能复工，即便可以复工，要想达到往年营业额也需要很长一段时间。在企业生死未卜之际，我不需要数字游戏，更不需要你那些花花绿绿的图表！我需要你从人力资源的角度告诉我，企业怎样才能活下去。

你说因为疫情员工不能上班，工资要正常发，这是劳动法规定。那么请问：哪个法律又能保证疫情不发生？哪个法律又能保证我们企业可以不死？你认为一句"劳动法规定"就是解决问题的方法吗？你觉得你比王专员更懂法律吗？你觉得你真的站在企业生死存亡的角度思考问题了吗？

你提出了你的建议——共享员工，还列举了一大堆共享员工的好处和当下流行共享员工的做法。那么，我想问你，我们共享给谁？在云南还有谁比我们做得大？员工共享期间受了伤我要不要赔钱？是共享服务员还是也共享技术人员？共享了还能回来吗？你到底懂不懂这个行业，懂不懂员工结构？还是你只会跟着所谓的热点事件，根本没有自己的思考？

你做了一个很完美的疫情期间员工情绪波动雷达图，但是说真的，我看都不想看。这简直就是一堆垃圾！我再强调一遍，我想要企业活下去。疫情当前，人人自危！员工的心理状况不用你告诉我！我相信我们的员工也不至于因为这个疫情就得心理疾病！你说你们做了员工普查，那为什么我收到了某些员工自愿放弃一半工资，以示与公司同甘共苦的决心的邮件呢？你们 HR 不是员工的心灵伙伴吗？为什么在你的报告里没有这些内容？收起你那一套官僚习气吧。

你报告中的第五方面说到了相关部门的政策。我可以明确告诉你，你不但没有读懂政策，甚至连政策都没有收集全！不瞒你说，这段时间我也一直在密切关注政策，也对政策做了深入的研究。难道你和你的团队就只会管工资、管考勤，然后用无数所谓的专业工具去工作吗？你到底有没有想过公司的处境？你到底有没有真心地面对疫情奋战……

最后，我想请你做深度思考，难道HRD真的是你职业生涯的尽头吗？

总经理：杨某某
2020.02.20

在报告中，冯总监提出了"共享员工"及"员工情绪波动雷达图"等，但都遭到了CEO严厉的反击。随后，冯总监表达出"我始终相信HR最终难逃走向灭亡的宿命，但我又始终坚信HR必将会以另一种形态存在"等观点后，宣布辞职。接着，公司CEO宣布撤除集团人力资源部，给出的理由包括人力资源职能同质化严重（可用技术替代）、人力资源战略规划较差、HRBP是一个伪命题（人力资源业务化效果不好，而业务人员经过短期培训完全可用胜任HR的工作）及没有突出的价值贡献等。

这一事件的发生，引发了企业界对人力资源部门价值定位与生存危机的热议。企业界主要有三种观点，其一，支持CEO，认为人力资源总监并没有在企业危难关头给予充分的支持，没有发挥HR的价值；其二，同情声援HRD，认为CEO是"欲加之罪何患无辞"，其本身就不重视HR工作，自然不认同也不相信HR能做出有意义的价值贡献；其三，"各打五十大板"，认为双方都有问题，在危难关头，双方还是应协同工作，共面难关⊖。我们认为，人力资源管理依旧是企业管理中极具价值的核心内容，企业管理的核心还是对人的管理。对人与流程、制度

⊖ 唐宁玉. 危机中，重塑人力资源管理角色 [EB/OL]. （2020-03-25）. https://mp.weixin.qq.com/s/8zHBJZT5R3kjosAOeBZLsw.

的"全景式协同管理"能充分激活组织、激活个体。《世界500强人力资源总监管理日志》表明,所有企业"基业长青"的共同点在于人,在于对人这一资源的优先配置㊀。任正非也在一些场合表明"华为的成功,很大意义上就是人力资源的成功"及"要站在全局的高度来发展人力资源系统"等。因而,当人力资源工作被真正重视及有效管理时,它一定能站在企业长远、整体性的角度,根植于当今的数字化管理情境,做好人才的"选、育、用、评、留",帮助实现企业和员工的协同共生式发展。

该龙头企业的人力资源部门撤除事件让我们必须回答几个老生常谈的问题。数字化时代下组织中的人力资源管理到底应该怎么定位、怎么做,如何更好地发挥人力资源管理的作用?在新的时代里,人力资源部门的使命是什么?谁是我们真正服务的对象?如何更好地设计HR架构与实践体系?如何更好地深入关心员工和专业地支持业务发展?如何使人和人工智能、机器人在职场"共舞"?如何处理人力资源部门与其他部门或组织的关系?戴维·尤里奇(Dave Ulrich)是"人力资源部门具有重要价值"这一观点的坚定支持者,他在1997年出版了一本很有影响力的著作,提出了HR在组织中的四个重要角色,即战略合作伙伴(strategic partner)、效率专家(administrative expert)、员工支持者(employee champion)与变革推动者(change agent),这是后来实践管理中人力资源三支柱模式的重要理论基础。在拉姆·查兰发表了分拆人力资源部言论之后,尤里奇立刻写文章反击,认为在不分拆人力资源部门的情况下,人力资源的工作依然能够做得很好。而且已经

㊀ 曾昌良.把人力资源打造成企业核心竞争力——评《世界500强人力资源总监管理日志》[J].企业管理,2018(09): 114-115.

有 20% 的 HR 人员站在了组织战略层面，对于更多的 HR 人员，需要的仅是教会他们如何在困难条件下创造价值。即便人力资源部需要进行架构改造，也不应该像拉姆·查兰建议的方案那般实现。事实上，在尤里奇理念指引下的 HR 三支柱模式在不少企业中已经得到应用，例如 IBM、华为、阿里巴巴、腾讯等。它们都根据企业自身的实际情况对 HR 三支柱进行了情境移植与变革，并取得了较好的成果。南加州大学马歇尔商学院教授约翰·布德罗（John Boudreau）也认为，人力资源管理部门应该被重塑，而不是分拆，分拆非常危险，将会损害其股东的价值。布德罗建议，在人力资源管理中，可以利用财务及其他管理框架最优化人才管理战略⊖。

在数字化时代，人力资源管理遇到了巨大的挑战，这些挑战使得现有人力资源管理模式的应对能力不足。在这个时代，所有人力资源管理者几乎都正在经历一个与数字化新世界相互融合协调的过程，他们比其他人面对更多的新技术、跨组织边界、跨岗位边界的情境。组织中出现了更多的数字工具、智能管理工具，企业也都在构建自己的数字化工作平台与场所。我们可以看到，企业的人才招聘与测评、人才发展、薪酬与绩效管理、职位管理、销售管理等都能融入数字化元素。华为、腾讯、三一集团（以下简称三一）、远大住工等企业的数字化实践也都为我们提供了优秀的典型案例。我们希望了解在数字化时代下，人力资源管理模式的核心是什么，如何利用人力资源管理构建更强的组织能力。为此，我们开展了相应的调查与研究。

⊖ Boudreau J. It's Time to Retool HR, Not Split It[J/OL]. Harvard Business Review Digital Articles, 2014. https://hbr.org/2014/08/its-time-to-retool-hr-not-split-it.

3.1 人力资源的挑战与变革

就人力资源管理而言,数字技术调整了组织结构、信息通道,也提供了新的技术处理及资源整合方式。特别地,数据作为一种新价值挖掘与增长点,成为赋能员工与组织的新引擎。我们可以看到,韩都衣舍通过组织结构上的"大平台+小前端"进行资源支持与服务输出,海尔通过创建"人单合一"机制及COSMOPlat平台等来赋能员工,中国平安通过构建HR-X系统来帮助员工完成很多程序性工作,阿里巴巴将数据战略视为核武器并致力打造数据中台进行价值输出,出版社的图书以数字化的形式呈现在读者面前,等等。人力资源管理需要借助数字化翅膀,实现职场物联、智能人力资源决策、人机协同等,全面提升组织效率。

人才生态

在数字化时代,全职雇用方式逐步瓦解,开放连接生态开始形成。组织边界越来越开放,个体与组织的"契约关系"正在发生深刻变化。组织内工作将不一定全部依赖全职雇员完成,而将通过多元化的工作主体和形式来完成,包括合同工、自由职业者、零工、众包工等。在信息技术的加持下,员工不再是局限于某一具体领域或具体组织的工作个体,他们可以跨团队和组织提供知识、技能和服务。疫情期间,组织的灵活用工模式开始大量增加,"共享员工"和业务外包成为一些企业的新选择。工作主体和形式的多元化就要求组织具有非传统员工的招聘、培养及合作的相关政策。多元的用工形式也导致市场上出现了专门的管理工具,如Fieldglass(被SAP收购)等提供的相关用工的项目管理工具。因而,如何系统设计、优化与员工的契约链接是对人力资源管理的一个关键挑战。

人才生态将是数字化时代企业创新与产业发展的不竭源泉。新的工作主体与多元用工形式也是人才生态的显著特征。一方面,"新生代"员工(一般指 80 后和 90 后)逐渐成为工作主体,95 后也开始在职场中崭露头角。90 后与 95 后具有鲜明的特点,包括文化素质较高、数字体验丰富、思维开放、个性张扬、功利化倾向明显等。他们与 50 后、60 后、70 后以及 80 后一起组成了组织中的工作主体。而且全球范围内的人力招聘使得组织拥有更多跨区域、跨文化、跨国家的人才。如何管理和赋能激活这些多元、多代际的工作主体是组织必须面对的现实。另一方面,机器人、人工智能等开始步入职场,他们全部或部分替代了人类的工作。德勤发布的《2018 德勤全球人力资本趋势报告》中显示,"人工智能、机器人技术和自动化已在工作场合迅速立足发展,其速度远高于许多组织的预期"。如何创建人机协作、分配人机工作及培养员工针对性技能已成为人才管理新世界的重点课题。

员工价值定位

现在是个体价值崛起的时代。当今的工作主体有不一样的价值诉求,他们有个性也有能力。德勤《2019 年千禧一代调查》显示,对于千禧一代和 95 后,他们更想做的是"去看看世界",他们想体验更多的价值感与有意义的场景。美国职业培训 Better Up 团队调查了来自 26 个行业共 2285 名美国专业人士对工作意义的感受,并发布了《工作的意义和目的》⊖。他们发现,90%的人宁愿少赚钱,也要做有意义的工作;

⊖ Andrew Reece, Gabriella Kellerman, Alexi Robichaux.MEANING AND PURPOSE AT WORK [R/OL]. The Journal of Positive Psychology,2019. https://www.betterup.com/en-us/resources/reports/meaning-and-purpose-report/.

这些人甚至愿意牺牲未来一生收入的 23% 来换取有意义的工作；在一次会议调研中，80% 的受访者表示他们更愿意有一个关心他们能否在工作中获得意义和成功的老板，而不是 20% 的加薪。可以说，组织与雇员之间不是简单的雇用工作关系，员工不只需要薪酬激励，在新的组织秩序下，人更需要从工作中获取意义和使命感。这也使得人力资源管理需要更多地思考，人在组织中的意义是什么？该如何实现？他们需要不一样的价值评价与分配系统。

组织活动核心

数字化时代的一个核心是企业整个价值活动的中心从关注产品和服务转向以客户为中心。在数字化时代，个人、组织、客户之间的关系被重塑，彼此之间形成一种协同共生关系。我们发现，影响组织绩效的因素由内部转向外部。即使组织内部管理效率非常高，企业依然可能被淘汰。"对内管理"是人力资源的基本要求，而在数字化时代，人力资源工作要更多地考虑外部的环境，要进行"对外管理"，包括战略性地思考合作伙伴、跨界的竞争对手、全新的技术等。这说明，人力资源管理参与、选择和执行战略的外延要扩展。面向未来，人力资源管理者需要做的核心是赋能个体、团队与组织，激活各主体，让他们进行协同价值创新，发挥集体智慧。

3.2　人力资源管理模式的逻辑与演进

为了更好地回答数字经济时代下新人力资源管理模式是什么，我们回到人力资源的本质这个问题上，先简单回顾一下人力资源管理的演进。从人力资源管理实践发展的脉络来看，人力资源模型是与时代情境和实践需求紧密联系的。这反映了人力资源模型的"情境性"特征。同时，对不同阶段人力资源模式的研究能让我们比较分析、挖掘人力资源管理的本质与底层逻辑。

3.2.1　人力资源演进：历史的视角

总体来看，人力资源管理已经历了三个阶段，分别是人事管理阶段、人力资源管理阶段及战略人力资源管理阶段（见表3-1）。

表 3-1　人事管理、人力资源管理及战略人力资源管理的比较

类型	人性假设	解决的核心问题	发展瓶颈	典型的组织结构	背后的管理理论基础
人事管理	经济人	如何维持劳工稳定，并提升个体工作效率？	人事稳定、福利管理等不能持续提升组织效率	人事部与行政部	科学管理理论、行政管理理论等
人力资源管理	社会人	如何利用各种人力资源专业化或技术手段激发员工工作效率？	将人视为重要的资源，但后期人力资源不能很好地支撑战略、紧贴业务	六大职能模块之一	人际关系理论、工业心理学等
战略人力资源管理	复杂人、自我实现人	如何利用人力资源管理手段实现企业的战略目标与竞争优势？	无法有效帮助企业寻求共同成长空间，缺乏共生理念	三支柱模式	系统理论、决策理论与权变理论等

在人事管理阶段，这是人力资源管理领域真正开始的阶段，起源于特定的工业革命背景。在这一阶段，受科学管理之父泰勒的影响，以"经济人"假设来管理员工。这一阶段负责人力资源工作的主要部门是人事部或行政部，他们关注人事稳定、科学管理和福利运动，即程序化与科学化。伴随着梅奥的霍桑实验的异军突起，管理者开始认识到，纯粹的理性运动不能持续提升个体的工作效率。简单的行政与人事管理同

样不能持续提升个体的工作效率,而是需要人力资本化及专业化。于是随后进入了人力资源管理阶段。

在人力资源管理阶段,管理者将人视为重要的资源,关注人性化与人力资本化。人力资源管理工作成了企业六大职能模块之一。这一阶段企业加大了对人的投资,并开设培训与开发、绩效福利等职能。这个阶段,个体的"社会人"假设得到重点关注。然而,后期很多管理者发现,人力资源不能很好地支撑战略及紧贴业务。因而人力资源管理模式进一步发展到战略人力资源管理阶段。

在战略人力资源管理阶段,企业关注"外部用户",注重人力资源的战略化、业务化与技术化。战略人力资源管理阶段将人视为战略资源,发现个体知识蕴含巨大能量,能够有效地帮助企业发展、完善与执行战略。这个阶段中的"复杂人""自我实现人"假设也是管理的人性基础。同时我们注意到,不论是传统的六大职能模块之一还是三支柱模式,都无法有效实现协同赋能,无法有效帮助企业在数字化时代寻求共同成长空间,主要原因在于共生理念缺乏。因而,人力资源管理模式还需要"进化"以适应现在的环境变化。㊀

3.2.2 人力资源管理现状盘点:调研与发现

为了更好地帮助企业理解人力资源管理数字化转型的现状、瓶颈及可能的解决关键点,北京大学国家发展研究院联合金蝶国际软件集团有限公司共同发起了"数字经济时代下的新人力资源管理模式"系列调查

㊀ 陈春花,刘超,尹俊.数字化生存与管理价值重构(三)人力资源管理进化路径——基于赋能的共生模型[J].企业管理,2020(08):102-104.

项目，既囊括了详实的企业案例资料，又包括了半开放的问卷调研，此外还借鉴了一些调研机构完成的研究报告，在调研结果的基础上形成了一些发现、洞察或观点。本次数据分析的基础来源于金蝶项目系列调研，包括致联外部调研、"走进今麦郎"、"走进茅台"及"中外管理论坛的调研"。数据分析的总样本量为792，来源于多行业。本报告数据不仅包括中小企业的样本，还包括中大型集团企业的样本，调研对象既包括大型企业集团及中小企业的HR从业人员，也包括企业高管层、普通员工、业务一线人员等。对全面覆盖的各类样本进行研究，保障了人力资源管理模式内容构建的数据完备性。

数字化时代人力资源管理金蝶系列调研的基本信息如下。

金蝶系列调研一——致联外部调研。本部分调研对象是人力资源岗位的从业人员，受访者年龄介于18～60岁，且工作年限为1年及以上。调研时间是2018年11月14日～23日，本次调研使用URC的在线样本库进行问卷推送，样本量为500。

- 受访者学历与职位信息

在参与调查的受访者中，本科学历的占比最高，为69.6%；其次是硕士学历，占比18%（见图3-1）。同时，普通人力资源从业人员占比最高，为70.2%；中层（经理、高级经理、主管）和高层（总监、高级总监）人力资源管理人员及首席人力资源官占比29.8%（见图3-2）。

- 受访者工作年限及所在公司规模

在参与调查的受访者中，工作5年以上不到10年的占比最高，为

36.8%；其中，在目前单位工作 3 年以上不到 5 年的占比最高，为 26%（见图 3-3）。同时，公司规模在 100 人以下的占比最高，为 56.8%；其次是 100～500 人的公司，占比 28.4%（见图 3-4）。

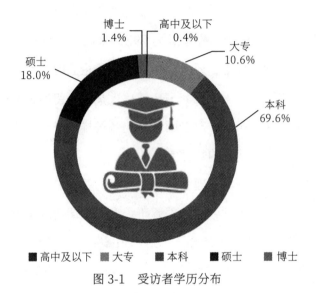

图 3-1　受访者学历分布

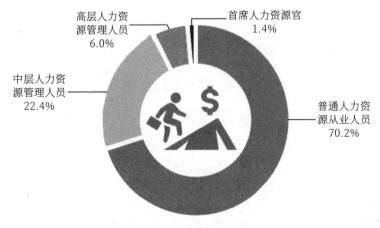

图 3-2　受访者职位分布

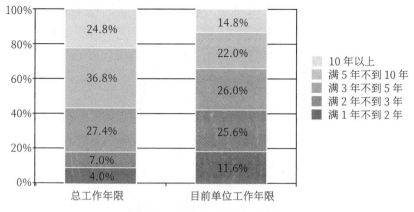

图 3-3 受访者工作年限分布

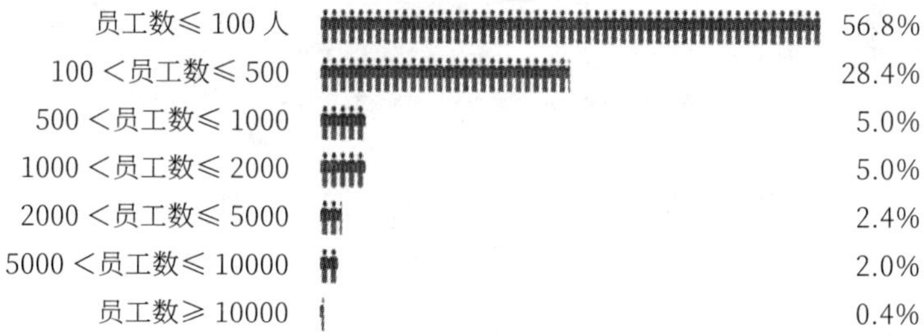

图 3-4 受访者公司规模分布

- 受访者公司性质及所处行业分布

在参与调查的受访者中，单位性质属于私营企业的占比最高，为 42.8%；其次是国有企业，占比 17.6%；再次是中外合资企业，占比 16.4%（见图 3-5）。受访者公司所处行业属于制造业的占比最高，为 25.2%；其次是信息传输、软件和信息技术服务业，占比 23.6%；再次是批发和零售业，占比 7.4%（见图 3-6）。

私营企业	42.8%
国有企业	17.6%
中外合资企业	16.4%
事业单位	9.8%
集体企业	6.4%
外资企业	4.8%
港澳台合资企业	1.0%
中央企业	0.8%
港澳台独资企业	0.2%
其他	0.2%

图 3-5　参与调研者公司性质分布

制造业	25.2%
信息传输、软件和信息技术服务业	23.6%
批发和零售业	7.4%
金融业	6.8%
交通运输、仓储和邮政业	5.0%
电力、热力、燃气及水生产和供应业	4.8%
建筑业	4.8%
科学研究和技术服务业	3.4%
教育	3.0%
住宿和餐饮业	2.8%
房地产业	2.6%
租赁和商务服务业	2.6%
公共管理、社会保障和社会组织	2.4%
文化、体育和娱乐业	1.6%
居民服务、修理和其他服务业	1.4%
卫生和社会工作	1.2%
农、林、牧、渔业	0.6%
水利、环境和公共设施管理业	0.6%
采矿业	0.2%

图 3-6　参与调研者公司行业分布

金蝶系列调研二——集团型企业调研与中外管理论坛调研。在这一调研中，为了弥补外部调研的样本缺陷（如主要关注中小企业、样本全为 HR 人员等），本次调研主要关注了中大型集团企业如茅台集团、今麦郎集团等，样本既包括人力资源部门人员，也包括业务部门、IT 部门等部门的非 HR 的中高层管理者，样本量为 292。这一调研主要补充或验证了数字经济时代的人力资源管理模式现状与其存在的问题等，并扩展了对数字经济时代人力资源管理新模式的探索。调研时间是 2019 年 4 月 25 日～10 月 12 日。今麦郎（样本量为 91）、茅台集团（样本量为 83），以及在线推送的集团型企业的受访者的职级囊括各层级，既包括基层也包括中高层；工作年限大多在 5～10 年及 10 年以上。

中外管理论坛调研所用数据来自参与 2019 年第 13 届中外管理人力资本发展论坛（调研时间为 2019 年 6 月 15 日）的百余位嘉宾。超过 40% 的嘉宾为总监及以上级别人员，他们服务于制造业、IT 行业和信息技术服务业、建筑业等多个行业。

■ **核心发现** 数字经济时代下，企业人力资源管理数字化转型的前五项挑战是：①人力资源管理分析的数据化和科学化不足；②"新时代员工"的价值观与职业期望十分多元；③员工、团队及部门之间的协同与共享不足；④雇用关系多元化；⑤人工智能、机器人技术及自动化程序等的管理不到位。

在数字化转型中，很多企业的做法并不成功。跟踪与分析转型失败原因，我们发现这些企业并没有很好地认识数字化转型中的困境与挑战。在系列调研中，就人才管理方面的困境而言，除了日趋上涨的劳动力成本，很多集团型企业"留不住"和"管不好"85后和90后员工，同时也"找不到"和"留不住"优秀人才。与此同时，企业还需要特别关注图3-7所示的占比排名前5的挑战。

在中外管理论坛调研中，大部分受访者认为，技术应用成为HR管理突破的重点，但仅有约30%的企业的HR管理实现了"上云"，企业的数字技术应用还有很大发展空间（见图3-8）。

■ **核心发现** 协同成为组织效率的新来源。组织内与组织间的协同障碍成为集团型企业主要的效率困境。

互联网时代，组织管理发生了三个主要变化。[一]其一，强个体的价值崛起。这个时候如果能赋能员工，将极大地释放个体的创造力。其二，影响组织绩效的因素由内部转向外部。这个观点表明，组织间协同能给企业带来极大的绩效提升。其三，驾驭不确定性。要做到这一点，其核心是要关注组织成员的成长，为其赋能，以及培养组织成员独立或协同做出持续的价值创造。调研结果表明，组织内与组织间的协同障碍成为集团型企业主要的效率困境。68%的调研对象认为组织内协同效果较差，32%的人认为组织间的协同效果较差（见图3-9）。而且，组织集团基本以管控为主，赋能不够。德勤发布的《2018德勤全球人力资本趋

[一] 陈春花，朱丽，协同：数字化时代组织效率的本质[M]. 北京：机械工业出版社，2019.

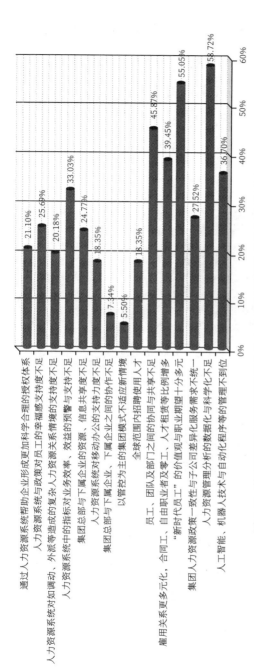

图 3-7 数字经济时代下集团型企业人力资源管理数字化面临的挑战

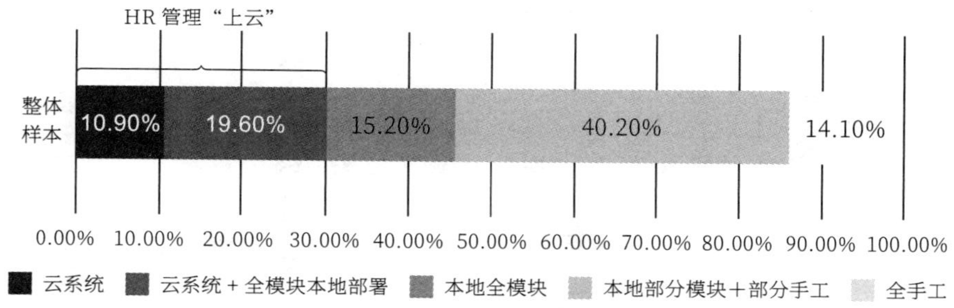

图 3-8 本企业在人力资源领域的技术应用的现状

势报告》显示,"高管团队在长期协同工作上经常合作的企业的受访者最有可能对增长率做出 10% 或更高的预期"。美国人力资源管理协会(简称 SHRM)也曾预测 HR 在 2025 年新增的工作岗位会是"社会以及企业目标的协同制造者"。这都体现了协同对于组织效率的重要影响作用,是集团型企业人力资源管理需重点关注的方面。

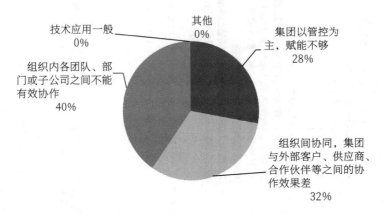

图 3-9 组织效率的困境来源

> ■ **核心发现** 集团型企业人力资源管理的共享服务中心建设开始兴起。数据分析、人工智能等开始在人力分析、招聘管理、薪酬管理、绩效管理等方面大量应用。

构建人力资源共享服务中心或平台是企业集团努力的方向,它们期望通过数字化、智能化等提高工作场所效率。人力资源共享服务中心建设的初衷是以服务为导向,将人力资源相关流程及指标数字化。调研发现,一些企业或集团的数字化建设较为成熟,已经开始优化人力资源共享服务中心,甚至有的企业已经开始采用如共享机器人、基于云平台的人力资源轻量级服务等。例如,某住宅工业集团股份有限公司建设了人力资源信息系统,实现了对海量数据的实时数字分析,并为员工提供"一站式"服务。某科技公司的案例表明,人力资源数据系统的上线使得薪酬核算效率提升25%,核算周期由4天缩短至3天。数据报表出具效率提升93.75%,报表出具周期由2天缩短至1小时。但还有不少集团型企业的人力资源共享中心建设才刚刚起步(见图3-10)。

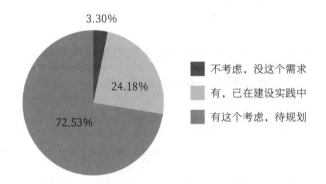

图3-10　关于建设人力资源共享服务中心的考虑

注:由于四舍五入,总和不为100%。

与此同时,集团型企业开始将数据分析、人工智能应用等部署到组织管理的各模块(见图3-11)。部分集团型企业甚至已经开始利用大数据进行决策分析。我们相信,数据与智能驱动的人力资源管理会成为组织效率提升的重要来源。未来的集团型企业人力资源管理需要考虑的是如何选择及应用数字认知技术替代体力与程序性工作,激活个体的创造力,实现个体与组织的赋能。

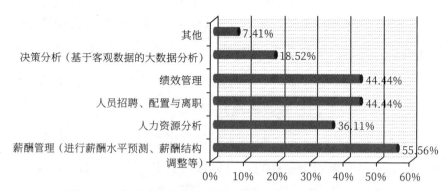

图 3-11　集团型企业已开始使用的数字化及智能化应用模块

注：多选题，故总和不为 100%。

■ **核心发现**　企业使用非传统劳工的数量正在增加，但相关的管理流程及方案还需完善。

在企业集团中，我们发现非传统劳工（如劳务派遣、自由职业者、零工等）的使用正在增加。集团中使用最多的还是合同工，非传统劳工如劳务派遣、临时工与兼职的员工数量也比较多（见图 3-12）。正如德勤发布的《2019 德勤全球人力资本趋势报告》显示，这些非传统劳动力不仅仅被用于 IT 职能的相关工作中，也越来越多地被用于运营、客户服务、创新研发、市场营销等方面。考虑到不同层面的非传统劳动力配置能够影响企业的战略系统，组织需要找到更合适有效的方式来管理这些人才。遗憾的是，大部分企业对于这些非传统劳动力的培训、学习及激励管理还远远不够。现在环境变化快速且复杂，组织边界日趋模糊，个体与组织的关系正在发生变化。行业、职业、岗位不断被重新定义，工作的不确定性增强，员工忠诚度下降。企业需要构建的劳动力生态系统会更丰富，这种生态系统会更多地跨越组织边界。

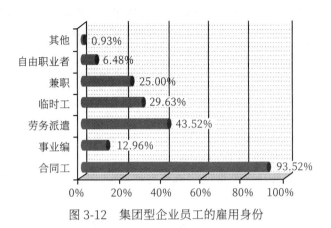

图 3-12　集团型企业员工的雇用身份

注：多选题，故总和不为 100%。

现行的组织模式与体系升级

■ **核心发现**　现有集团型企业的人力资源管理模式主要还是以传统的模块化或综合服务职能为主，但已有很多企业在进行 HR 三支柱的变革及优化。

在实践中，尽管还是有不少企业采用"模块化"或"科层制"结构，但很多企业及被调研者认为，未来的组织结构一定会围绕客户价值来构建，而组织架构不应成为权力配置的工具。调研发现，现有集团型企业的人力资源管理组织模式主要还是以传统的模块化或综合服务职能为主（见图 3-13），但也有相当一部分企业正在开始及优化人力资源三支柱的建设。不少在实施三支柱模式的集团企业正从员工感受出发，进行组织结构的设计重组，并取得了较为显著的绩效结果。

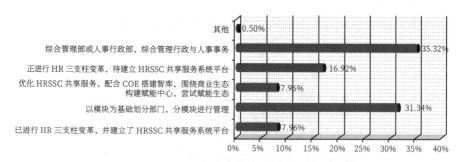

图 3-13　集团型企业现有的人力资源管理组织模式

集团型企业人力资源管理的主要定位

■ **核心观点**　大部分集团型企业人力资源部门的定位为资源中心和管控中心，有一些开始将其人力资源部门定位为赋能中心。

HR 三支柱的开创者戴维·尤里奇很早就提出，人力资源管理者如果想更好地创造价值，需要扮演好四大角色，即战略伙伴、效率专家、变革先锋及员工后盾㊀。四角色模型是 HR 三支柱实践的思想基础。在具体实践中，对不同角色的判断影响了不同集团型企业对于人力资源部门的定位。而对人力资源部门的定位关系着组织的战略发展成败，因为组织管理的核心还是在于人的管理，这也是人力资源管理的关键内容。基于对数字经济时代的判断，尤里奇提到，一个好的 HR 应该像 CEO 一样思考，他最重要的作用体现在能够协助企业在商业中取得成功。因此 HR 需要经常反思：我为其他人创造了什么价值？谁会从我的工作中

㊀ 马海刚，彭剑锋，西楠. 人力资源三支柱：人力资源管理转型升级与实践创新 [M]. 北京：中国人民大学出版社，2017.

获益？总体来说，HR应该要成为一个赋能者，充分挖掘人才潜力，释放员工创造力。我们的调研发现，大多数集团型企业人力资源部门的定位为资源中心和管控中心，有一些开始将其人力资源部门定位为赋能中心（见图3-14）。

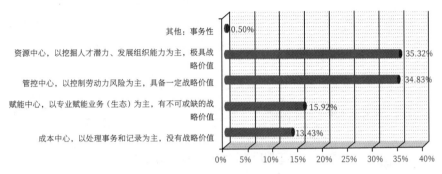

图3-14 集团型企业人力资源管理的主要定位

■ **核心发现** 员工福利越来越丰富与多元。弹性工作时间、远程/移动办公、提供健身设施、雇员援助计划是目前拥有比例低但员工需求度高的福利。

在互联网及大连接时代，个体价值崛起，个体能力已然超出组织界限，这使得员工与组织的关系也发生了根本变化。个体不再像过去那样依赖组织，而相反，组织某些时候需要强个体的知识与创造力。因此，个体需求也开始得到组织重视。我们在致联外部调研中发现，企业开始为员工提供各式各样的服务，包括通用的和端到端的福利计划（例如通过信息平台为员工提供自选福利）（见图3-15），这些福利涉及员工的财务健康、身体健康、心理健康等。虽然福利的内容和形式在增加，但是调研结果表明组织员工所看重及需求的和组织所提供的福利仍然存在较大的差距。例如，弹性工作时间、远程/移动办公、提供健身设施、雇员援助计划是目前拥有比例低但员工需求度高的福利。

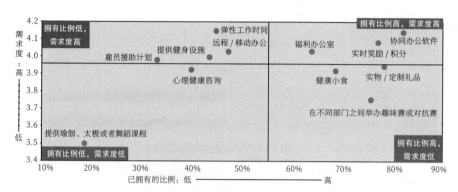

图 3-15　员工期望的福利与组织提供的福利对比

福利管理的背后是提升员工的体验感，并降低员工流动的成本。无论是经济体验、物理体验还是心理体验，企业提供这些福利期望通过提高员工的体验感而使员工在组织中的工作变得更有意义。从福利和员工体验来看，集团型企业还有很长的路要走。从德勤 2017、2018 及 2019 的"全球人力资本趋势报告"的内容看，福利的改善和员工体验的提升依旧是主要趋势，依旧有很多地方有待完善。美国未来工作的演讲家雅各布·摩根（Jacob Morgan）曾提出了一个员工体验方程式，认为员工在一个组织的总体体验由其经历的文化、技术及物理空间决定。从数字经济时代发展的趋势来看，技术将是给予员工福利的重要方向。这个方程式亦为集团型企业进行福利及员工体验设计指明了方向。

■ **核心发现**　数字经济时代下，集团型企业人力资源管理数字化转型中最为重要的三项战略性工作是：①提升 HR

战略规划水平；②提升组织数字化运营及设计水平；③赋能员工，为员工提供高价值创造的工作（支持和服务）。

正如尤里奇所言，"一个好的 HR 应该像 CEO 一样思考"。企业应该把 HR 部门当作一个企业来运营。CEO 和各直线业务经理都要对 HR 的角色负责并产生贡献。人力资源管理要切切实实参与战略的制定及落地，并成为各部门的战略合作伙伴。相应地，企业 HR 需要具有一定的前瞻性思考力、组织设计力、影响力及执行力。数字化运营与设计是效率的保障，也是 HR 需要承担的重点工作。它能够帮助组织实现更高效率的流程协同及组织内外协同，降低企业运营成本，优化服务流程，提升组织效率。这项工作需要 HR 具备较好的信息技术认知能力、资源整合力、流程管理能力等。

本质上，数字经济时代下人力资源管理的核心是让整个组织充满活力，这其中的关键又是以人为本。由于个体价值崛起与能量增强，组织需要注意到，员工之间、员工与客户之间的相互协作、激励及共同进化，这种共生的组织生存与进化能力更强。以人为本的人力资源管理意味着企业的一切管理活动都围绕着选人、育人、用人、评人、留人而展开。人是企业最核心的资源和竞争力的源泉，而企业的其他资源（如资金、技术、土地）都围绕着如何充分利用"人"这一核心资源、如何服务于人而展开。新时代下企业的人力资源管理应该充分利用组织内外人力资源并进行赋能，以整体协同的方式实现组织、个体及社会的效益或价值，达到个体激活、组织激活及社会激活的目标。而整个人力资源管理的核心则是赋能，赋能个体、赋能组织、赋能社会。

在我们的调研中，集团型企业认为人力资源管理数字化转型中最为重要的前三项工作便是提高 HR 部门战略规划水平，提高组织数字化运营与设计水平，以及赋能员工（见图 3-16）。

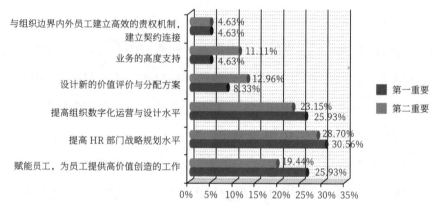

图 3-16　集团型企业数字化转型中人力资源管理工作的重要性排序

■ 核心观点　HR 技术对组织经营有积极影响，集团型企业要识别并应用有价值的 HR 技术。在应用新技术的同时，需加强培养员工的技术技能、社交能力与认知能力。

我们的调研还发现，在近几年，集团型企业将在人力资源大数据分析平台和共享服务平台，集团（企业）集中管控平台，团队协作和沟通工具，薪酬、目标与绩效管理系统等领域投入更多 HR 技术（见图 3-17）。所调研的样本中，77.4% 的人认为 HR 技术的投入对企业经营有较为积极的影响。绝大多数组织都表示，未来将会应用人工智能、机器人、数字技术等。它们将会与组织员工形成协同共生的关系。随着数字技术在企业中的充分渗透，管理者需要思考如何利用新技术与管理措施赋能个体与各工作单元，提升各主体行为的战略一致性；企业应如何利用新的技术与管理手段实现组织内外的高效协同，包括人与人工智能、机器人等的协同。我们还发现，如果想在工作场所中有效应用人工智能或机器人，员工需具备的技能是人力资源需要重点思考的问题（见图3-18）。调查结果显示，员工的技术技能是最重要的，其次是社交能力和认知能力。这也为组织如何应用技术与管理员工提供了一些方向。

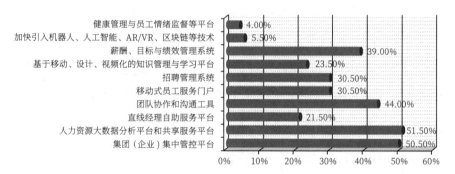

图 3-17　集团型企业在未来几年会投入 HR 技术的重点领域

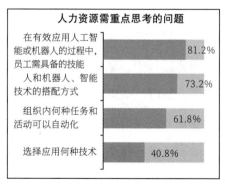 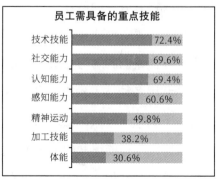

图 3-18　人力资源需重点思考的问题及员工需具备的技能

开发全生命周期式管理，提升人才体验

人才的全生命周期式管理是人才体验感提升的重要途径，也是为人才进行赋能的重要指导方法。组织需要对人才入职前、入职中、实习期、正式工作期、离职期及离职后进行全过程跟踪与分析（见图3-19）。在每一阶段，人力资源管理都有重要的工作内容。例如，在招聘阶段，人力资源管理者需要对人才进行简历分析，对其与组织的文化契合度、能力胜任素质等进行考核，借助技术挖掘企业可用的人才。又比如在正式工作期，要完成人才盘点，还需要规划员工的多元发展路径、人才梯队建设与继任计划等，解决核心人才的识别、维系与发展等问题。在离职期及离职后，还要对人才进行满意度及员工体验测评，并询问可以改善体验的方向或建议。通过建立员工的全生命周期式管理，打造"人才引力场"，吸引更多的人才加入。《2017领英招聘趋势报告》显示，91%的招聘负责人认为，雇主品牌对于人才具有较大的吸引力。而雇主品牌的打造离不开对人才体验的提升。

人才学习与知识管理：建设学习型平台，加强知识管理，提升知识利用率，释放员工创造力

《2019德勤全球人力资本趋势报告》表明，2019年的首要趋势是企业需要改变人们的学习方式。在我们的调研报告中，集团型企业的员工会充分利用各种技术和机会来学习（见图3-20）。虽然大部分企业还是采用线下培训的方式，但技术的出现改变了个体学习的方式和效率。我们发现，人工智能等开始被应用于员工学习。就个体学习而言，其学习的内容更加个性化、移动化和智能化。在我们的调研中，很多企业关注

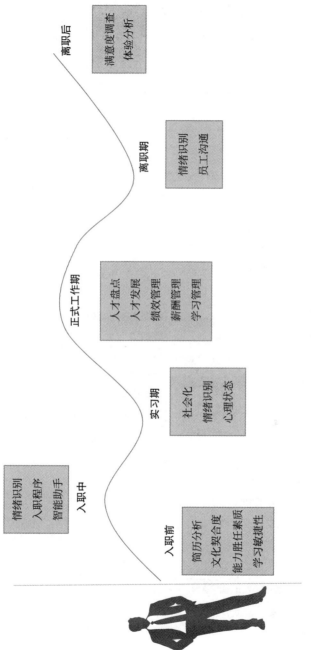

图 3-19 针对员工的全生命周期式管理

构建学习型氛围,并通过建立 E-learning 平台、移动社交学习门户来增加个体学习渠道。在组织学习方面,除了构建学习型平台外,一些企业会基于 IT 技术构建企业级知识库,并通过对标最佳实践、培训等及时更新知识库。某著名家电集团开启了"互联网+"学习革命。这场革命也是基于 HR 相关技术,实现了组织员工的"自培训、自成长、自记录、自交流"。用案例企业员工的话来说,"突破了传统培训学习模式的各种障碍,成功实现了'自主报名、自助学习、自我成长、相互交流、共同进步',在集团售后服务体系内成功地开展了一场'互联网+'学习革命"。甚至有企业开始采用大数据、人工智能等技术分析组织问题,并形成洞察或观点,经验证后补充到知识库。

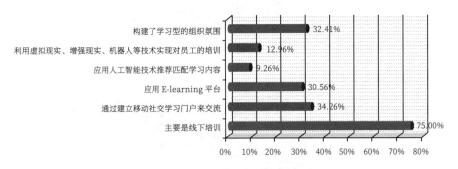

图 3-20　员工学习与成长的方式

我们的调研还发现,为了更好地进行知识管理,并降低知识流动成本,企业会让人才在集团内部流动起来。腾讯的"活水计划"就很好地将技术融入人才内部流动管理,降低了知识流动成本。而且不少企业关注利用 IT 技术等建立企业级知识库,将人才的知识或经验保存到知识库,这能较好地提升知识的利用效率。

为绩效与薪酬管理进行技术赋能：关注实时、持续的绩效，制定高绩效激励薪酬

绩效与薪酬是员工管理的两个重要模块，也是技术渗透较多的地方。我们的调研结果显示，现在采用IT系统进行绩效管理的集团型企业还较少，这是可以提升的地方（见图3-21a）。就绩效管理方式而言，大多企业还是在使用KPI考核，还有一部分企业在应用PBC考核、OKR管理及360测评（见图3-21b）。现在绩效管理工具的价值导向是关注实时、持续的绩效，并将个体目标、团队目标及组织目标融合在一起。将技术与绩效管理工具结合是落实这一价值导向的重要途径。

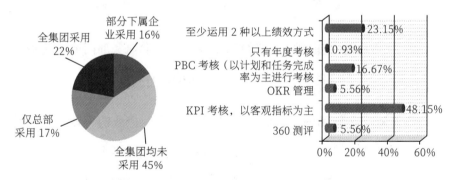

a）应用IT系统进行绩效管理的情况　　b）绩效管理方式

图3-21　集团型企业的绩效管理

调研结果显示，在绩效管理中，未来的关注重点应该从KPI（关键绩效指标）向OKR（目标与关键成果）转变，并通过IT系统解决指标管理及动态团队、虚拟团队的绩效考核问题（见图3-22）。这些都给集团型企业的绩效管理带来了挑战。而在OKR的管理中，我们按照如下顺序展开：①设定目标；②明确关键结果；③推进执行；④ OKR 回顾（每周、月、季度和年）。OKR 的考核更加灵活、动态，其与信息技术系统的结合能较好地解决员工的绩效考核问题，它通过实时、持续性的绩效反馈，实现对员工的高赋能。

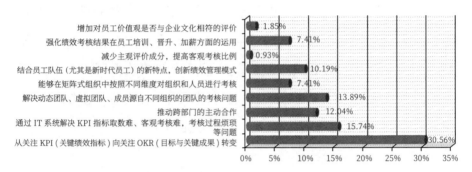

图 3-22　集团型企业绩效管理未来应该重点解决的问题

■ **核心发现**　集团型企业的 HR 部门与其他业务部门或下属企业的关系一般，存在一定的误解和隔阂。

我们发现在集团内部，61% 的人认为集团型企业的 HR 部门与其他业务部门或下属企业的关系一般，存在一定的误解和隔阂。甚至有 5% 的人认为 HR 部门对他们所在部门的态度非常冷漠。领先的软件平台公司 Splunk 公司总裁兼首席执行官道格·梅里特（Doug Merritt）表示，"最成功的企业是那些实现跨职能部门协作和投入的公司。数据是实现协作的关键性驱动因素，能够帮助企业实时深度分析业务，更迅速地实现差异化、推动创新、增加收入、降低成本和风险"。以上发现表明，集团型企业内部的组织协同效果一般，是可以利用 HR 技术提升和完善的方向。而为了提升集团内部及组织间的协同效率，大多数被调研者认为,"能够针对不同员工的特点,开展更多的培训、辅导活动,主动帮助管理者改善工作,让他们看到 HR 的价值"是最应当采取的措施(见图 3-23)。为了提升组织内和组织间协作效率,大多数企业认为可以考虑"建设共享服务中心,提高信息、资源等共享度"及"重组并整合内部与外部价值链及流程,从整体上改进整体协同效果"(见图 3-24)。

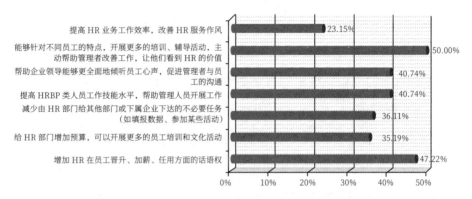

图 3-23 改善集团内部 HR 部门应该采取的措施

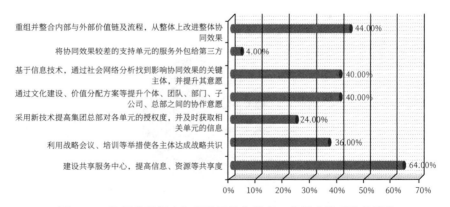

图 3-24 为提升组织内和组织间协作效率,集团应该采取的措施

■ **核心发现** 数字经济时代，人力资源管理应更关注生态价值及员工价值的创造。数字经济时代需要构建人力资源管理新模式，其重点是赋能赋新。

集团型企业人力资源管理的数字化转型要致力于 HR 的价值创造，在技术更迭快速的数字经济时代，HR 及管理者要牢记，数字化转型不仅仅是关于如何识别和应用技术，更重要的在于关注人和流程。调研结果表明，人力资源管理在价值创造中更应注重生态价值与员工价值（见图 3-25）。用戴维·尤里奇的话来做个结语："他们（高效能的 HR）必须为客户和利益相关者创造明确的、实实在在的价值。"此外，在致联外部调研中，88% 的人力资源人员同意人力资源管理需要构建新模式；其中，非常同意的占比 32.2%，比较同意的占比为 55.8%（见图 3-26）。对于 HR 部门未来最重要的工作角色，65.8% 的人力资源人员认为，HR 部门未来应转型为综合服务中心，赋能赋新员工，并为员工提供高价值创造的工作；41.4% 的人认为 HR 部门应进行组织设计，重塑组织架构与岗位设计（见图 3-27）。

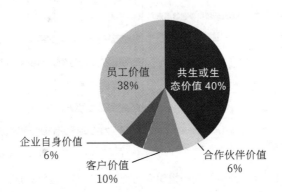

图 3-25 人力资源管理在价值创造中应关注的地方

3. 新人力资源管理模式

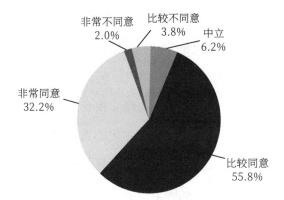

图 3-26　对构建人力资源管理新模式的认同程度

图 3-27　HR 部门未来最重要的工作角色

■ **核心发现**　数字经济时代，人力资源管理数字化的重点是关注信息系统、流程设计及沟通渠道设计。同时，数字经济时代下，企业非常关注大数据分析平台与目标、绩效管理系统建设，并且一些企业已经在一定程度上完成了相应的建设。

调研结果显示，46.8% 的人力资源人员认为关注信息系统、流程设计及沟通渠道设计，增加组织内员工协同力是人力资源管理最应该重点关注的方向；其次，42.4%的人认为应重点关注人力资源部门与其他部门及其他部门之间的协同共生方案设计（见图 3-28）。与此同时，

61.6% 的人力资源人员认为建设分析对象包括绩效、薪酬等的大数据分析平台，实现管理数据化是企业在未来会重点投入或建设的内容；其次是利用机器人、人工智能、AR/VR、区块链等技术提升组织效率，占比 59.6%（见图 3-29）。此外，在前文提到的中外管理论坛调研中我们也发现，在未来 2 年，人力资源数字化的重点将是数据分析、目标与绩效管理系统，而且企业实践中人力资源部门数字化增速最快的也正是构建目标与绩效管理系统、赋能平台。

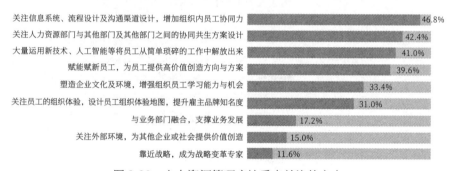

图 3-28　人力资源管理应该重点关注的方向

图 3-29　企业在数字化时代中会重点投入或建设的内容

3.2.3　重塑人力资源管理

金蝶中国管理模式研究院在联合《中外管理》杂志举办的论坛上发起了一个调研，用以调查人力资源的本质。我们发现，学者与实践者普遍认同，人力资源管理的本质是"组织与人的价值经营"（见图3-30）。这其实也与三个阶段的人力资源认知一致。在人事管理阶段，个体需要服从组织目标，人力资源管理更重视组织价值的实现。在人力资源管理阶段，个体价值开始得到重视，但在此阶段还是以实现组织价值为主。在战略人力资源管理阶段，个体价值与组织价值得到同等重视，个体具有强大的能量，组织目标必须涵盖个体目标。而在数字经济时代下，这种价值经营更是扩展到不同的主体，包括跨边界的个体与组织。这与我们对共生时代需实现跨边界的判断一致。因而我们认为，在数字经济时代下，新的人力资源管理模式是以"边界内外个体与组织价值经营"为核心，通过赋能的方法论来实现各主体之共生价值。在数字经济时代下，人力资源管理真正需要从以企业为中心转换到以人为中心，围绕共生价值，以赋能为核心构建新人力资源管理模式。数字经济时代的人力资源共生管理更加关注"共赢"，并致力于实现人力资源管理的价值化与系统化，实现生态赋能、价值共创、利润共享。

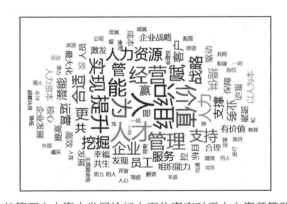

图3-30　中外管理人力资本发展论坛上百位嘉宾对于人力资源管理本质的理解

注：图形反映的是被调研者对于人力资源本质认识的词频统计。字体越大，表明被调研者提及越多。我们发现，组织与人的价值经营被认为是人力资源管理的本质。

人力资源重塑的四个核心模块

在理解了人力资源管理的共生模式后,我们开始关注如何构建新的人力资源管理模式。数字经济时代下,人力资源管理除了扮演好戴维·尤里奇提出的战略伙伴、变革先锋、效率专家及员工后盾的角色外,更要成为跨边界的赋能型共生伙伴。基于此,我们提出了构建人力资源管理共生模式的四大核心模块(见图3-31),四大核心模块的内容及其与传统职能的关系如表3-2所示。

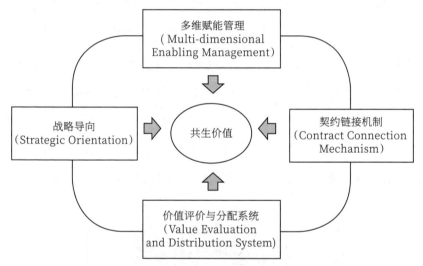

图 3-31　构建人力资源管理共生模式的四大核心模块

表 3-2　共生价值理念下人力资源管理的四个核心模块

人力资源维度	对应功能
战略导向	基本功能:人力资源规划、参与战略规划制定、组织发展
	拓展功能:战略扩展为基于数字化时代的共生或生态战略、人力资源的系统设计
多维赋能管理	基本功能:培训、员工发展、员工关系管理、文化管理
	拓展功能:技术赋能、协同机制与信息系统、共生赋能

(续)

人力资源维度	对应功能
契约链接机制	基本功能：招聘与人员配置、职位管理、劳动关系管理
	拓展功能：边界内外不同主体之间的"共生"契约设计
价值评价与分配系统	基本功能：绩效管理、薪酬福利管理
	拓展功能：基于共生的价值评价体系与分配

第一个核心模块是人力资源管理需要明确数字化时代下的战略导向。人力资源的战略导向要保障与战略和环境的协同效率，要保证人力资源的动态匹配能力。数字经济时代战略规划的内容与以往有较大不同，不仅体现在"跨界""协同""新技术"等元素上，更体现在思维方式上。数字化时代要做好共生环境的顶层设计，正如尤里奇的观点那样，我们需要重新定义人力资源管理，人力资源管理者应该像CEO一样思考如何帮助企业取得更好的发展。人力资源管理工作一定要利用战略这个"窗口"系统去整合外部环境、思考企业发展。正如我们前面提到的，现在各种"窗口"时间已大大缩减，这就需要人力资源管理者更新思维方式，拥有面向未来的思维方式，更多地"站在未来看现在"，并且要进行基于数字化时代生态战略的人力资源系统设计。

第二个核心模块是人力资源管理需要高效的多维赋能管理。这是人力资源共生管理非常重要的功能，尤其表现在技术赋能（如基于大数据、AI等提供数字化、智能化服务及协同支撑的技术）方面。今天的组织要让个体具有持续的创造力。这使得人力资源管理需要更重视个体价值，需要赋能个体，而这些是成为"共生型组织"及激发个体创造力的基础。在工作中，员工会有多种价值追求，在前文提到的致联外部调研中，我们调查了500位人力资源工作者（包括近150位人力资源中高层管理者），结果发现，员工对于弹性工作时间、远程/移动办公等需求度较高。这些需求说明员工更需要自主性、技术赋能及心灵支持，这是人力资源赋能工作的核心。人力资源管理的工作设计也要让管理者为员工赋能，因为一线管理者才是激发员工动力、创造力的重要因素。

第三个核心模块是人力资源管理要设计好契约链接机制。数字经济时代的一个重大特征是边界正在打开。个体与组织间的契约关系会更加多元。《2019德勤全球人力资本趋势报告》中显示，非传统劳动力将成为主流，如何管理这种多元生态是契约链接关注的重点。如果只用固定的合约方式，那些具有创造力的人可能就不愿意与你合作。现在边界极度开放，我们只有采用灵活的契约方式才能充分吸引并利用高价值的创造性人才以及高价值的退休员工。此外，员工与组织之间的契约链接要辅以数字化的技术手段，通过组织结构裂变、技术穿透等方式增加各主体之间的连通力，并确保拥有高效的个体权力与责任结构，以及个体的约束机制。我们既要关注传统的经济契约，也要关注员工与组织之间的心理契约与社会契约。只有把不同类型的契约组合起来，才能构建员工与组织之间丰富多元且有活力的契约体系，实现共生。

第四个核心模块是人力资源管理要有高适应性的"价值评价与分配系统"。数字经济时代下，我们希望把每个人的价值贡献指标化，而大数据、云计算等使之成为可能。员工价值贡献也是后续奖酬差异的依据。人力资源的价值管理逻辑其实就是建立一种系统或机制去激发员工的价值创造欲望和潜力，并在此基础上对员工进行价值评价和价值分配。这要求组织设计有效的价值系统，客观、全面地分析主体的价值贡献，而且需要确保价值创造、价值评价与价值分配具有一致性。以前的KPI考核等绩效管理工具需要更新，它们往往无法体现员工真实的价值创造成果，使得员工的能动性与创造力得不到充分释放。在人力资源共生管理模式下，我们要站在更开放、更多元的视角构建价值系统。

为了更详实地展现这四个核心模块，接下来我们将通过一些典型案例来总结数字经济时代下人力资源管理关于这四个核心模块的最佳实践与机制。

3.3 人力资源管理新模式的典型案例

在实践中，不少企业都选择从人力资源管理的角度突围以适应数字化时代的生存挑战。华为、三一、腾讯和远大住工都是比较典型、值得借鉴的案例。华为的竞争优势主要源于其人力资源与组织战略协同的成长模式。在数字化时代下，华为构建了 HR 三支柱来协同支撑战略，它更是一种业务协同的模式。三一进行了数智化人力资源赋能，搭建了云平台，利用数字化提供了很多场景赋能，包括建筑场景的 PCTEAM 筑享云平台、绩效管理的数字化，以及员工学习的 OLM 在线平台等。这些举措为人力资源创造价值提供了较大赋能和支持。腾讯也构建了 HR 三支柱模式，它最大的特点是通过一系列科学的契约设计，选择了高投入、促增长的人力资源战略，从选、育、用、评、留等多方面着手，为企业战略的落地打造了核心人才梯队，激发了每个员工以及 HR 部门内部的活力。远大住工则是一个量化个体价值的典范，其对个体进行了充分激活。它创造了"人人账本"的概念，利用数字化管理工具量化了员工个人价值，让每个人的动作和收入直接挂钩，真正实现了让人力资源参与经营，让每个人参与经营。我们来看看各个案例的具体实践。

3.3.1 华为：人力资源协同组织战略

华为人力资源管理模式概述

1987 年，华为在深圳成立，最开始是代理销售香港一家公司的用户交换机。从华为创立的 1987 年到 30 多年后的今天，华为人力资源管理模式一直紧密协同组织战略，发挥着重要的支撑作用。从华为的发展历史来看，其组织战略可以分为四个阶段，人力资源管理模式也进行了相应的变化。

阶段一：活下去

华为从销售代理起步，作为通信设备行业中众多企业之一，"活下去"成为华为最初阶段的核心组织战略目标，基本的人事管理和有效的招聘管理是这个时期华为人力资源管理的主要任务。

阶段二：增长，规范

1994 年，任正非提出"通信行业三分天下，华为将占一分"的宏伟目标，为了在人才队伍方面取得优势，从 20 世纪 90 年代初开始，华为逐步将员工的薪资提高，相比市场平均月薪 1000 元的员工工资，华为同等职位的薪水高达 5000 元。可见，当时的华为就深刻地认识到了人才的重要性，这一举措也对人才产生了强大的激励效应。拥有清晰的战略、愿景，再加上行之有效的业务策略，华为的主营业务在国内市场快速增长，在短短 10 年间，销售额就从 15 亿元增长到 462 亿元，员工也从 1200 人增加到 2.2 万人。1997 年，《华为基本法》明确了公司要"成为世界级领先企业"，并用 103 条规定阐述了公司的经营管理制度，构筑了公司未来发展的宏伟架构。华为也一再强调对人力资本的重视，"人力资源管理的基本目的，是建立一支宏大的高素质、高境界和高度团结的队伍"。同时，华为积极学习国内外成功管理实践，开始全面引进世界级管理体系，如 HAY 的职位与薪酬体系、Tower 的股权制度、IBM 的 IPD（集成产品开发）和 ISC（集成供应链）流程化组织建设等，并在人力资源管理方面逐步建立和完善专业模块。

阶段三：全球化，超越

2005 年，华为开始走向海外市场。为实现全球化、超越国外产业巨头，华为在人力资源管理方面加大投入，使人力资本成为"公司大发展的发动机"，在培育新的核心价值观基础上，建立领导力与干部标准，完善评价与激励政策，搭建全球范围的 HR 体系以应对全球化挑战。正如任正非所说，"哪个地方有人才，我们就在哪个地方建立研发中心，让他们在自己家门口就可以参加华为的工作，而不是希望他们都到中国来。我们有 8 万研发人员，只要我们调过头来解决，让最尖端的人，从'求发展'、探索未来的研究，转而先解决简单急需的问题，没有解决不了的问题"。在 2009 年，华为还开启了 HR 三支柱的探索道路。

阶段四：领先，自我升华

2014 年，华为走到了行业的领先位置，基本实现全球化运作，此时其人力资源管理的战略目标是领先与自我升华。此时，华为的 HR 三支柱日趋成熟，充分发挥了对公司战略和业务的支撑作用，围绕着"客户满意度、人力资本投资回报、员工价值同步提升"的目标，建立起以"增长、效率"为导向的 HR 业务管理架构，并致力成为公司业务部门的伙伴。区别于过去职能化的人力资源管理架构，华为的 HR 三支柱模式进一步强调对客户需求和业务需求的关注，通过 HRBP（人力资源业务伙伴）对业务需求的承接，有效整合并实施人力资源解决方案。COE

（人力资源专家中心）的功能更多地在于提供专业化的支撑；SSC（人力资源共享服务中心）则以服务为导向，致力于实现卓越运营的 HR 服务交付。

华为人力资源管理模式的特点——协同成长

总体来看，华为的人力资源管理模式最鲜明的特征是与业务协同成长。我称之为"协同成长"的人力资源管理模式，"协同成长"主要表现在以下三个方面。

第一，立足于支撑业务战略。华为的竞争优势来源于其战略导向的成长模式。20 世纪 80 年代后期，作为通信设备行业的企业之一，华为从国内市场起步。在业务方向上，华为并不局限在低端产品的代理和仿制方面，而是更多地进行探索和突破。循着"模仿—创新—替代"的路径，华为在网络通信领域逐渐取得竞争优势，其资本与人力资源也得到了一定的积累。随着经济的发展及市场需求的变化，华为立足客户需求，牵引技术持续创新与进步，努力实现最终的交付价值。在这一过程中，华为始终有着清晰的战略愿景和目标，并在成功的关键要素上持续投入，提升核心技术力量、打造高绩效的人力资源体系，使组织能力有效支撑战略发展的需要。

第二，立足于高绩效文化落地。为客户创造价值是华为存在的唯一价值和理由。华为内部对公司的运作效率和整体绩效十分关注，其价值主张也一直围绕着高绩效展开，高绩效文化是华为企业文化建设的核心命题。近几年来，在内部管理模式上，华为通过业务流程变革，提高组织运作的效率。实质上，华为高绩效文化的落地主要基于组织的简约、流程的简化，以及员工的职业化，而这些方面都离不开人力资源管理的有效支撑。比如当前华为的 HR 三支柱中，业务驱动的 HRBP，端到端、结果导向的 COE，以及以服务为导向、卓越运营的 SSC，协同支撑人力资源管理的战略目标，确保核心价值观的传承和高绩效文化的落地。

第三，立足于企业需求。 从华为人力资源管理组织结构来看，其人力资源体系包括 HRBP、COE 和 SSC 三大支柱，承接客户需求和业务需求，实现人力资源体系从职能型向业务伙伴型的转变。在这一体系中，HRBP 发挥了重要的联结作用。作为业务伙伴，HRBP 需要充分理解业务需求，在此基础上整合并实施解决方案。与此同时，HRBP 是华为 HR 三支柱中最能贴近业务、有效传承和践行华为核心价值观的关键所在。

3.3.2 三一：多元路径赋能激活员工

创建于 1989 年的三一集团（简称三一）是工程机械的领军企业。三一于 2011 年 7 月入围 FT 全球市值 500 强，成为唯一上榜的中国工程机械企业。在 2019 年，三一终端销售突破 1000 亿元，也是国内首家破千亿的工程机械企业，跻身全球工程机械三强，品牌影响力大幅攀升。三一重工（三一集团的两家上市企业之一）总裁向文波于 2019 年做客央视财经《对话》节目时表示，"在当今世界，伟大的工程都在中国，而在这些伟大的工程里面，我还想不出哪一个工程没有三一设备的参与，甚至全球都是这样"。当数字化来临时，三一站在了数字浪潮的潮头，通过数字技术、管理及文化赋能，让三一及其员工被充分激活，并高效进行数字化转型。三一集团董事长梁稳根表示，"数字化的浪潮将让'三一的未来大大超乎我们的想象'，我们必须主动出击，跨过智能化、数字化转型这道关口"。本项目组跟踪了三一的案例，对相关高管进行了访谈，并重点关注了三一在数字化时代的赋能路径，主要总结如下。

数字化赋能业务与融合

三一首席信息官潘睿刚认为，新数字技术完全能帮助企业实现数字化赋能，并最终改变企业的竞争力。潘睿刚领导了三一以 ECP6.0 ⊖ 为核心的全产业链项目，它的价值在于当产业需求旺盛时，能较好地实现业务与信息化的结合，实现对全产业链的有效管理。在数字化赋能中，三一坚持"从面到体"，实现了从社区信息、工业路线、物料清单（BOM）、制造过程、物流配送、设备状态，一直到客户交付、财务收款全方位的数字化打通，也解决了整个敏捷供应链和经营制造的一些问题。通过科技创新与数字化，三一提升了管理效率。例如在产品端，推出 VR 技术控制的新型挖掘机，戴上 VR 眼镜，你可以在任何地方进行精确的控制，差分 GPS 可以定位到厘米级。而三一的"18 号厂房"则是亚洲最大的智能化制造车间，也极可能成为中国工业的未来图景。在这里，工人与机器人"共舞"，一起打造更出色的产品。对于员工来讲，他们需要做的是分析在世界各地运行的机器实时反馈的信息，基于这些信息对产品进行分析与改进，充分发挥自身创造力。

同时，三一的数字化提供了很多场景赋能。比如，对于建筑场景，三一搭建了 PCTEAM 筑享云平台，通过生态场景开发，实现三大硬智能和建筑五环生态的在线协同。三一还打造了基于数字技术的共享产

⊖ ECP6.0 为潘睿刚在金蝶调研采访中提到的一个术语，用以解释释放数字化、信息化的效率。

链。在三一数字智能的加持下，三一以 PC 构件为核心，实现了 PC 构件各个环节的材料共享和加工共享，极大促进了智能制造。三一整合各信息系统建成数字工厂，让 PCTEAM 平台能在线协同。通过数字化的赋能，三一构建了强有力的共享模式，共享包括各部件、常规构件、建材等建筑资源与信息，并通过数字算法精准匹配项目需求、工厂产能、工程建材等供需资源，消除信息不对称，实现品质高、成本低、控制精的全周期式实时、动态、整体的布局优化。

数智化人力资源赋能

互联人才招聘。数字经济时代人力资源管理的核心还是在于人，而数字技术能在"选、育、用、评、留"层面为人才管理赋能。例如，在人才招聘上，三一利用了金蝶的 s-HR 工具，借助技术上的岗位一键发布功能，向与金蝶 s-HR 实现对接的网站发布招聘信息。当求职者在对接的招聘网站投递简历时，简历就可以一键回收到金蝶 s-HR 的招聘简历库，这些人力都成为三一的潜在人才来源，可以用来支撑三一的战略。而疫情期间，三一启动了远程招聘，让人才招聘不因疫情而停档。

人才薪酬与绩效管理。薪酬与绩效管理是人才管理的核心模块。数字化情境下，可以对员工的绩效与薪酬进行精确的考核与管控。在三一，薪酬管理既要服务于集团的一致性，又要考虑下属事业部的差异性。在与金蝶合作的 s-HR 薪酬管理中，三一实现了固定薪酬项目调薪流程的电子化审批，核算过程中固定薪酬项目值自动引用调薪定薪结果。在核算业务中，实现了薪酬与考勤模块的关联，自动核算计时员工考勤工资。在薪酬汇总业务中，由总部统一薪酬汇总分析报表格式，薪酬明细和部门汇总根据各事业部情况可增减项目。通过清晰的流程梳理和权限区分，三一实现了全面的薪酬管控和精细的薪酬核算管理。三一通过专门的考勤模块进行考勤与绩效管理，它的绩效评价系统既包括定量指标，也包括定性指标，这应该是新价值评价体系的构建方向。特别地，在疫情期间，三一采用云之家的移动签到打卡功能，打卡数据传到 s-HR 参与考勤计算，这方便计算出每一员工的工作时长。数字化的绩效系统让管理者能够动态考察员工及组织效能，并通过与其他数据指标的对比分析，寻找员工绩效提升的优化路径。与此同时，数字化的绩效信息与"仪表盘"分析还能激发员工的创造潜能，调动其工作积极性。

员工培训与发展。三一战略的实现，离不开人才培训体系的支撑。三一构建了完备的人才培养路径，以 OLM 在线学习平台为基础，它构建了新员工入司培训、岗前培训、专业培训、干部培训（S1000 培训、干部领导力培训、高管讲座）四个层级的"全职业生涯"培训体系，同时还有其他的国际化与文化培训项目。培训内容也涉及营销、研发、服务、技工、管理等诸多领域。三一非常重视人才投资与培养，其研发经费与培训经费都上不封顶。为了更好地赋能员工，三一通过数字技术框架打造了在线化、全流程、低成本的人才培训学习管理。除了常规的线下培训外，三一与金蝶 s-HR 合作构建了在线培训课程体系、培训讲师认证体系以及员工职称评定体系。该体系支持移动化的学习与考试，提供了弹性灵活的学习场景，员工随时随地都能学习。梁稳根也在三一高管培训会上多次强调"只有终身学习，才能有所作为"等观点。

智能化分析。对于已有的人才，三一致力实现全集团人员档案、人员成本等信息的一体化管理。借助系统的报表分析模型，三一可以多角度、全方位进行人才结构分析。而且通过对关键人才和干部管理，管理层可以实时掌握集团核心骨干人才分布和发展状况，为业务决策和人才培养提供有效支持。基于数字化的赋能，三一可以制定"人才梯队可视化图表"，并实现人才的定制培养。业务流程上，三一通过电子工作流实现了核心业务流程的在线审批，有效提升了人力资源管理工作效率。三一还构建了UDESK全渠道客服系统，整合不同平台与渠道的信息管理，实现多维智能内部管理，帮助员工进行资料搜寻、业务处理及员工关怀等自助或智能服务，也培育了企业内部"员工成功"的文化裂变。

文化赋能

三一的文化是"创建一流企业，造就一流人才，做出一流贡献"，它的核心价值观就是以人为本、品质优先。三一之所以在国际化道路上走得比较远，正是因为它利用了文化赋能，在跨文化并购中兼容并蓄，尊重包容多种文化，而这增强了三一的文化活力。梁稳根曾说过"没有员工的成功，不可能有企业的成功"，他提出"帮助员工成功"的理念，这有力展示了三一以人为本、包容的文化。因而我们看到，三一在2012年并购全球混凝土机械领域老大德国普茨迈斯特公司后，并没有因为文化冲突而导致整合效率低下。尽管双方在文化上存在较大差异，三一文化的包容赋予了后者充分的自主性，使得该并购成为一个行业典型成功案例，并购后，普茨迈斯特取得了销售额同比增长30%的优秀业绩。普茨迈斯特总裁朔伊赫（Norbert Scheuch）在并购后表示，如果让他重新选择，他还是会走并购这一步。

三一文化中还有一个重要特点就是鼓励创新、包容失败，这是三一拥有强大生命力的源泉。创新在三一是文化战略，集团领导都比较注重创新文化培养。向文波在总结三一行业技术创新能力强的经验时指出，三一的经验就是三点，创新意识、创新人才及大胆的创新投入，这从三一投入的培训与创新经费中就可以看出。三一在集成创新上做得比较好，依靠创新能力依次推出了创世界纪录的泵送设备、世界领先的履带起重机等产品或技术。借助于文化的赋能，三一激发了员工工作的主动性与创新的活力，让他们与公司一起创新成长、一起实现梦想。

3.3.3 腾讯：跨边界契约设计之人才获取、保留与共享

腾讯人力资源管理模式概述

腾讯于 1998 年 11 月由马化腾等 5 位创始人共同创立，2004 年 6 月于香港成功上市。2016 年 9 月时，它已经是中国乃至亚洲最大的互联网综合服务提供商之一。回顾腾讯的发展之路，我们可以看到腾讯是一家产品导向、执行力强、反应快速、不断推陈出新的公司，同时腾讯又是一家涉猎多个业务模块，拥有庞大员工数量的互联网公司，如何让大象跳舞？腾讯独特的人力资源管理模式起了关键作用，特别是它的契约体系设计。

腾讯的人力资源管理模式可以分为三个阶段[1]。

阶段一：人力资源管理建设初期（1998 ~ 2003 年）

1998 年，腾讯初创，刚开始员工人数较少，并没有单独设立人事部门。后来人事部门逐渐形成以职能为导向的组织结构，并伴随出现客户价值导向的理念与思想萌芽。

---

[1] 张国顺. 腾讯 HR 三支柱模式的人力资源管理研究 [D]. 南华大学, 2018.

阶段二：人力资源管理发展转型期（2003～2009 年）

2003 年，腾讯在不断发展后正式成立人力资源部门，这一阶段"员工是企业的第一财富"的观念逐渐形成并深入人心。但同时，腾讯还面临着企业文化被稀释、人才储备和培养跟不上企业发展等问题。为了解决一系列相关问题，公司创立了企业文化管理委员会和腾讯学院，用来提炼和宣传企业的价值观，使得新人能快速融入公司。

阶段三：人力资源管理新型组织结构——HR 三支柱创设期（2009 年至今）

在这个阶段，随着移动互联网的发展，一个全新的数字化时代降临了，它带来的是人与组织管理的新趋势。从人的角度来看，工业经济时代关注的是标准，管理的是群体行为；知识经济时代关注的是信息，管理的是群体知识；而在数字化时代，管的是人性，理的是人心，强调的是对个性的尊重，在去权威的环境中帮助员工自我管理、自我驱动与自我实现。从组织的角度来看，过去组织强调大型化、内部化、集中化，现在组织更强调小型化、外部化、分离化这些特性。要求组织去中心化、扁平化、分布式，可以使组织更快速地响应外界的变化。在这样的时代特征和组织要求下，企业渴望的是推动员工"自下而上"的自我管理，从而形成一个从被动到主动的自组织管理形态。于是腾讯探索成立了符合自身特色的 HR 三支柱组织架构。

HRBP：发挥紧贴业务的作用，成为业务部门、团队管理问题快速诊断的顾问。腾讯总共有七大事业群和一个职能系统，事业群或职能系统都设有 HR 中心，这些 HR 中心共同构成了 HRBP。HRBP 的主要职责就是诊断并且满足业务部门发展过程中的业务部门个性化 HR 需求，成为业务部门专业的 HR 顾问，为他们提供灵活的、有针对性的"一站式"HR 解决方案。

COE：发挥前瞻性牵引作用，成为前瞻性业务变革活动的加速器。腾讯的 COE 下设四个部门，分别是人力资源部、腾讯学院、薪酬福利部、企业文化与员工关系部。COE 的主要作用是根据公司战略导向，拟定前瞻性的 HR 战略，制定有战略连接性的 HR 政策制度，同时负责方法论、工具的研发与指导，做公司级 HR 项目的主导者、牵头人，在各专业职能领域推动变革，为公司及业务创造价值。

SDC：在通常的三支柱基础上，进一步将 HR 服务产品化，为客户、用户提供端到端的交付，腾讯将共享服务中心（SSC）升级为共享交付中心（shared deliver center，SDC）。SDC 主要发挥体系支撑作用，成为 HR 产品、服务、系统高效交付的专家。腾讯的 SDC 包括 HR 信息建设中心、HR 系统开发中心、运营服务中心以及四个区域的人力资源中心（北京、上海、成都、广州）。为了发挥 SDC 的体系支撑作用，需要 HR 提供面向业务和员工的 HR 专业交付服务，搭建 HR 业务运营体系和功能管控的统一平台。

腾讯人力资源管理模式的特点——契约设计

腾讯人力资源管理模式最大的特点是通过一系列科学的契约设计，选择了高投入、促增长的人力资源战略，从"选、育、用、评、留"等多方面着手，为企业战略的落地打造核心人才梯队，激发了每个员工以及 HR 部门内部的活力，进而有效提升了人力资源管理模式的价值。

比如腾讯于 2015 年结合企业战略，从人才和组织两个维度出发，制定了人力资源两大战略方向，以保持人才攻防的绝对优势。人才维度下有三个关键项目[一],"强将+精兵"项目,主要是持续引进优秀人才;好成长项目,主要是促进员工职业生涯发展、提升员工的专业岗位成就感和影响力;好回报项目,主要是提升关键人才回报的竞争力。组织维度下主要有四个关键项目:深化提升组织活力项目;正向引导干部行为,激发干部正能量项目;深化干部授权项目;强化沟通项目。

基于这两个维度的七个项目,腾讯从不同方面推动这些关键项目的实施,这就形成了一系列科学的契约激励机制,不仅搭建了高匹配度的人才梯队,还激发了员工和组织的活力,从而助力企业实现其发展战略。此外,为了鼓励员工的个性化创新,为用户创造最好的产品体验,腾讯人力资源管理部门还在内部引入竞争机制(也被称为"内部赛马"机制)。在这种竞争环境下,各个业务部门独立运营,部门之间的业务内容和产品类别存在一些交叉。公司内部有统一的运营支持系统和平台研发系统,两个系统内部的数据和资源都是共享的,各个业务部门可以根据自己的需要获取相对应的数据信息,并且根据市场的需求和团队自身的技术优势独立研发产品,而内部竞争获胜者可以得到丰厚的激励。火遍大江南北的"微信"就是"内部赛马"机制下的产物,在微信发布之前,腾讯内部有多款相似的产品正在研发,这可以使得腾讯最终推出的产品是精益求精的。

3.3.4 远大住工:正确衡量员工价值贡献

长沙远大住宅工业集团股份有限公司(即上文所提的远大住工),是中国装配式建筑行业领头羊,是国内首家集设计研发、生产施工、装

[一] 张国顺. 腾讯 HR 三支柱模式的人力资源管理研究 [D]. 衡阳:南华大学,2018.

备制造、运营服务为一体的新型建筑工业化企业。远大住工也是国内首家拥有专属知识产权的全产业链技术体系的企业，提供全球化、规模化、专业化及智能化的装配式建筑制造与服务。远大住工拥有 300 多项技术专利，超过 100 个工业化绿色建筑制造基地。2019 年 11 月，远大住工于香港上市，成为装配式建筑行业香港 IPO 第一股。截至 2020 年 4 月，远大住工拥有软件版权 12 项、专利 723 项。远大住工现在的目标是实现数字设计、数字工厂和数字工地，并引领建筑工业 4.0。远大住工通过将产业链各种要素进行数字化定义，进行柔性制造设计，促进和实现整个建筑建造过程的高效化、智能化和可视化，高效地提升了房屋的产品质量和建造效率。而且在数字化的过程中，人力资源管理服务对于远大住工的战略作用越来越明显。

为了更好地发挥人力资源价值，远大住工结合自身变革实践将人力资源管理体系的发展划分为四个阶段（见图 3-32）。第一个阶段是 HR1.0（2015～2016 年），主要完成了人力资源工作的标准化。在这一阶段，远大住工明确了 HR 定位、工作内容和目标，制定了人力资源总监岗位操作手册，发布了人事制度流程、操作手册、岗位说明等 9 本管理手册，使得人力资源管理制度化、流程化，工作亦可复制与计算。

第二个阶段是 HR2.0（2016～2017 年），主要完成了 HR 工作的信息化。在这一阶段，HR 工作量大，事务性工作多，需要进行更好的人力分析。经过 HR2.0 的信息化建设，远大住工在招聘、员工管理、薪酬设计与核算、考勤与假期管理、员工自助服务及组织管理等模块都建立了信息化的管理架构。通过 s-HR 系统，远大住工搭建了统一的应用平台，并且各模块间连接紧密。从人力资源规划、招聘、入职、考勤、薪资核算到人员异动，这一阶段为员工全职业链信息化的实现提供了平台支撑。

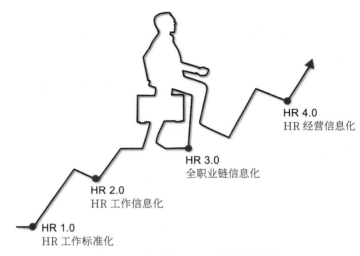

图 3-32　远大住工 HR 改革进化图

资料来源：金蝶 s-HR。

第三个阶段是 HR3.0（2017～2018 年），实行了全职业链信息化，而且这一阶段的 HR 建设兼顾了管理控制与员工服务，既能促进员工互联、互动、协作，又能提升员工满意度，还能帮助降低成本及构建"看得见"的企业文化。具体来看，远大住工基于金蝶 s-HR 搭建了人力共享服务平台，设立了员工服务大厅。员工可以开展自主服务，如通过使用智能语音客服，员工还可在线咨询人事、薪酬、福利、假期等相关信息。移动应用也为员工提供了便捷的自助服务通道，员工可在手机端查询个人档案，发起请假、调动、离职等流程，参与在线学习，进行问卷投票，了解公司新闻等，HR 服务无处不在。远大住工的人力共享服务新模式，不但减少了 HR 事务性工作量，还实现了 HR 资源集约利用，

有效提升了员工满意度。○

第四个阶段是HR4.0（2018年至今）。主要是构建HR经营平台，实行HR经营信息化。在这一阶段，远大住工碰到的HR问题包括难以获取绩效、投入产出分析困难、不知道如何参与经营及提供战略决策支持等。通过HR的数字化建设，远大住工建立了人力资源的数量需求模型与成本模型。同时实行了基于数据的"账本管理"。

价值创造、价值评价与价值分配是人力资源管理贡献的核心逻辑。远大住工的HR建设围绕着这一价值逻辑实现了人力资源的赋能，并提升了组织经营效率。远大住工集团人力行政总经理周锋表示，对管理者来说，人事数据、员工档案随时可查这一点有力地支撑了业务决策。另外，远大住工正和金蝶s-HR共同探讨HR 4.0阶段在服务企业和服务员工两大方向所蕴藏的无限可能。

人人账本

人人账本是远大住工在数字化时代进行人力资源管理的重要创新实践，它深刻反映了其"以奋斗者为本"的文化。人人账本最重要的成果是帮助远大住工量化了员工个人价值，正确地评估价值，进而合理分配价值。在这一管理实践下，2019年远大住工的收入与利润都有了较大增长，整体收入33.69亿元，同比增长48.5%；毛利由2018年的7.25亿元增至2019年的11.44亿元，同比增长57.9%；实现净利润6.77亿元，同比增长45.2%；产能利用率从2018年的17.4%增至2019年的45.8%；PC构建业务的应收账款周期从2018年的378天降至2019

○ 金蝶国际软件集团有限公司. 远大住工：从3千到5万人企业的HR进阶之路 [EB/OL].（2018-09-13）http://www.kingdee.com/case/39267.html.

年的 204 天；盈利联合工厂也从 2018 年的 8 家增至 2019 年的 20 家。远大住工 2017～2019 年的总资产收益率与净资产收益率如图 3-33 所示。

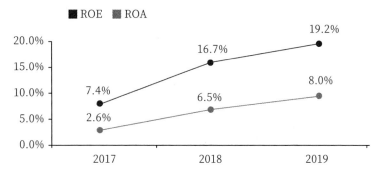

图 3-33　远大住工的总资产收益率与净资产收益率（2017～2019 年）

资料来源：远大住工财务报告。

周锋跟大家分享："在发展过程中，远大住工逐渐找到了人力资源助力公司的第二曲线，即员工个体价值评价与分配的方式，人人账本激活人人。远大住工不断完善企业的人力资源管理体系，通过 s-HR 打破各个业务部门系统数据墙，形成了中间数据池，进而算出一个'人人账本'。"把每个人的业绩和收入都直接在员工手机端展现，达到了"激活人人"的效果。激活人人就是为了让所有员工都变成经营者。为了构建类似海尔"自主经营体"及京瓷"阿米巴"的全员经营模式，远大住工建设了包括市场费用、直接人工、管理费用、制造费用等记账科目（见图 3-34）。如果在经营期内各费用科目上有结余，就会对员工进行一定的薪酬激励，将之与员工的收入直接挂钩，并进行同岗排名。例如，远大住工首先基于企业年度目标、产品合同和排产计算出人力需求，根据过往数据，在每百元收入里确定出 16.5% 的人力资源管理成本预算（含人员工资、五险一金等成本）。此 16.5% 的人工预算由人力资源部门来管理和支配,在合同时限内,如实际花费低于16.5%,省下的费用将有一半作为对人力资源部门的奖励,另一半奖励相关协同岗位。在制造等其他管理线亦是如此。这样,每一个员工都有动力去削减成本,并增加个人绩效。为了避免员工和团队产生短期行为,远大住工还为各个团队设定了KPI与收入目标挂钩,让各线团队既要关注成本控制,又要关注收入目标的达成。

××岗位	工资福利	市场费用		直接人工		管理费用		制造费用		利润分红	Cyber收入	*KPI得分	实际收入	同岗排名
		薪酬激励	费用结余	薪酬激励	费用结余	薪酬激励	费用结余	薪酬激励	费用结余					
*分配比例	/	5%	/	*	/	6%	*	/	*	10%	159	95%	152.25	11/120
分配额	24	18	0	3	0	51	1	0	2	60				

图 3-34 远大住工某岗位账本运用

注:此图为金蝶 s-HR 客户案例,星号表示涉及隐私,不便展示。

在数字化情境下,远大住工能基于软件进行管理数据的打通与协同。以往企业的数据都是"数据孤岛",它们承载在不同的软件系统里。远大住工通过 HR 的信息化变革将不同的数据都放在"中间数据池"里,基于该数据池,远大住工能够构建出人均产效这样的数据模块,这些模块是人人账本的重要组成部分,最后也能变成人力资源的报表体系和各种数据展示。远大住工已在总监层级实现了人人账本管理,他们通过手机可以实时查看所在岗位的创收数据和成本节省奖励数据,每个人的动作都和收入直接挂钩,真正实现让人力资源参与经营,让每个人参与经营。

3.4 人力资源管理新模式的实践工具探索(OKRE)

以上人力资源管理模式的逻辑、历史演进及典型案例表明,数字化时代下，人力资源管理的共生价值正在凸显，其最大的变化就是数字技术穿透使得个体价值被放大，管理的核心必须从管控转向赋能，组织需要搭建一个个体与组织能力共享的共生平台⊖。因此我们急需探索新模式、新工具来承载数字化时代下的人力资源管理。在此之前，我们首先要厘清人力资源管理中的个体与组织关系、目标管理等共生模式中的核心议题，再初步提出新模式的升级工具设想，包括 OKRE 的特点和实现路径。

3.4.1 个体与组织的关系

按照切斯特·巴纳德（Chester Irving Barnard）的观点，组织是"两个或两个以上的人有意识协调的系统"。要形成组织，需要三个要素，即协作的意愿、共同的目标和信息沟通。这就要求组织成员需要克制自己的欲望，控制个人的行为，去除过多个人化因素，并产生集体行为以达成组织共同目标。本质上讲，员工愿意产生集体行为的原因是组织提供的诱因能满足个人的诉求。对于组织来讲，它想正常运转，就必须"诱因≥贡献"，这也是巴纳德提出的组织公式。诱因既可以是物质因素，也可以是精神因素；贡献是员工为组织目标做出的努力与牺牲。当员工在集体行动中，其个人需要得到满足时，个体工作就是有效率的，而整个协作系统也会更有效力。

从权力地位的角度来看，个体与组织关系经历了不同的变化（见图 3-35）。从组织发展来看，从现代企业诞生开始，组织便是更重要的

⊖ 陈春花，刘超. 数字化生存与管理价值重构（五）平衡个体与组织目标——共生人力资源下的 OKR 探索 [J]. 企业管理，2020（10）：100-102.

主体，实践中也体现出"强组织，弱个体"的管理状态。而管理理论的一个假设正是如果个人追求个人目标，则会阻碍甚至破坏组织目标的实现。因此早期的管理实践都是通过组织外部控制的方式来促使员工完成组织目标。组织要求个人目标服从组织目标，个人服从组织，这个时候是重组织价值、轻个体价值的。后来，管理者逐渐认识到需要关注员工的需求与目标，因而开始帮助管理员工的职业发展和能力建设。基于Y理论（假设人并不是天生厌恶或逃避工作的，甚至是天生喜爱工作的，逃避工作的行为可以被控制），麦格雷戈认为，当员工有了自己承诺的目标，而且当这个目标能与组织目标相契合时，个体就会自我控制、自我激励，努力促进目标达成。这一阶段，在组织中个体角色的重要性有所增加，员工并不完全依赖命令和控制，对员工的信任程度以及参与式管理开始增多，但以组织目标为中心的管理模式依旧未变。巴纳德强调，个人目标与组织目标需要相互协调，管理人员必须能够协调个人目标与组织目标之间的矛盾。在战略人力资源管理阶段，个体已经被组织视为一种重要的战略资源，对个体的培训及能力提升投入也日趋增多。

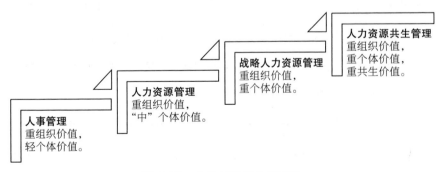

图 3-35　个体与组织关系演进

注："中"表示，对个体价值的重视程度介于第一阶梯和第三阶梯之间。

在万物互联时代，人与组织之间的关系不再是依附、服从的关系，个体能量与价值崛起，组织更大程度上需要依赖个体才能创造价值。因而在实践中我们发现，组织对员工的管控越来越少，更多地出现赋能、支持、共生、协同等概念。海尔的"自主经营体"与 COSMO Plat 平台，华为的"铁三角模式"与 Hilink 平台，韩都衣舍的"大平台，小前端"等都是赋能个体、组织和创造共生模式的典型实践。互联网时代下分享经济的本质也是充分利用、发挥个体价值并集合智慧的过程。在新的组织管理内涵上，个体与组织是一种共生关系，这种共生表现在互为主体、资源共通、价值共创及利润共享。这些关系特征甚至扩张到个体与外部组织、组织与组织之间，这在腾讯、阿里巴巴及京东等互联网平台公司尤为明显。

3.4.2 平衡个体目标与组织目标

在任何时代的企业组织中，管理者都需要兼顾员工个体目标与组织目标，构建合适的个体组织关系。数字化时代给组织管理带来了更大的挑战，因为环境变得更加复杂和不稳定。而与此同时，个体却变得更为强大。一方面，个体本身学习迭代的速度很快，其创意和创造性能得到相当程度的激发。另外一方面，个体与各种技术、知识的融合和学习的能力增强，个体能快速成长并贡献较大能量。以组织为中心的管理方式束缚了个体的创造力与能量，赋能激活、共享共创成为人力资源管理的核心。这个时候，不能只让个体目标服从组织目标。如果我们不能给个体提供价值崛起的机会，不能给他价值分享的计划，不能给他提供平台和机遇，这些强个体有可能就不会与你的组织在一起。数字化时代改变了个体与组织的"强弱"关系，让"强个体，强组织"成为现实。而组织需要做的就是同时兼顾组织和个人的需要与目标，让个体服务组织，也让组织服务个体，两者协同成长。但同时我们要时刻牢记的是，在巴纳德的组织概念中，组织目标是处于更为核心的地位。我们依旧相信，组织管理中组织目标的实现是组织持续发展的核心因素，也是支持个体目标实现的重要方式。

虽然个体目标与组织目标完全融合并不现实，但人力资源管理上可以贡献的是找到一种尽可能理想的融合度，通过"定制化"的角色设计与工作安排让员工在实现组织目标的过程中也能完成自己的个人目标。事实上，正式组织为了实现自己的目标，会或多或少地约束个体的行为。但数字技术极大改善了这一现状，它能构建一个共享平台，并提供技术、文化等多维支持。现在企业实践中的事业合伙人、利益共同体等都希望构建健康可持续的个体与组织关系，这样在数字化时代才能更大程度地发挥个体创造力，并实现个体目标与组织目标的融合。需要注意的是，个体目标并不是员工在组织中的具体工作或任务目标，它是个体渴望实现的未来状态，反映了个人的需求与愿望。国内学者章凯等[一]发现，当个体与组织能形成"利益共享、发展共生、命运共荣"的关系时，个体的组织认同感与满意度越高，离职意向也越低，这也从学术严谨性上体现了平衡个体目标与组织目标的重要性。

3.4.3 新模式的升级工具设想

在企业实践中，目标与关键结果法（objectives and key results，OKR）是一种目标管理工具，其背后的管理思想正是德鲁克所提倡的

[一] 章凯，仝嫦哲. 组织—员工目标融合：内涵、测量与结构探索[J]. 中国人民大学学报，2020，34(02):114-124.

目标驱动。基于德鲁克的目标管理思想，其追随者——英特尔 CEO 安迪·格鲁夫（Andy Grove）发明了 OKR，而谷歌的约翰·杜尔（John Doerr）将之引入到谷歌并取得了较大成功，现在 Facebook、Uber、领英、百度、华为、字节跳动等企业都逐渐在使用并广泛推广 OKR。OKR 通过明确公司和团队的"目标"以及明确每个目标达成的可衡量的"关键结果"让组织管理可以更聚焦，并使得组织能时刻响应外部变化。OKR 已成为能平衡个体目标与组织目标的重要工具。

OKRE 的提出与核心特点

OKR 不仅是一个绩效管理的工具，更是一个融合个体与组织目标的创新利器，是个体工作动力的激励工具。OKR 最大的优势就是可以与外部环境互动，并确保员工共同工作，集中精力在具体目标上，并做出可以衡量的精准贡献。在 OKR 体系中，任一成员都可以查询其他成员的目标和 KRs，这就像时刻有一双眼睛在注视着每位成员，能产生群体监督作用（watching eyes effect），还可以帮助员工有效组建团队，这个特点在数字化时代的技术框架下很容易实现。[⊖]

同时，我们也注意到 OKR 在实施中的几个现实问题。首先，在目标体系设定过程中还是站在组织视角，没有明确对个体成长和个人需求及目标的关注。在数字化时代，建立组织与个体成长的共生平台非常必要，因而 OKR 的目标设定中一定要明确对于员工个体需求的价值贡献。其次，现有 OKR 管理强调目标、结果，却没有关注共生情境下如何赋能，缺乏对赋能机制或路径的探讨，也缺乏对个体与组织在非物质

[⊖] 陈春花，刘超，尹俊. 数字化生存与管理价值重构（三）人力资源管理进化路径——基于赋能的共生模型 [J]. 企业管理，2020(08):102-104.

需求方面的关注。⊖ 在数字化时代下，组织到底应该在什么层面赋能支持个体，到底应该提供什么形式的路径支撑，这是需要进一步丰富的地方。最后，OKR 的反馈机制与技术体系支撑较缺乏。根据之前的调研，OKR 有效发挥的基础在于实时、持续性的绩效反馈与改进，但 78% 的企业并未在集团内利用数字技术或 IT 系统来提供灵活、快速的绩效管理。甚至有不少企业在组织结构上还在采用"科层制"，它极大地限制了信息传递效率，这些组织结构与技术限制会给 OKR 执行带来效率困境，因而进行组织结构变革和提供数字技术支持也是在 OKR 实践过程中是非常必要的。基于以上，在数字化时代，我们希望基于 OKR 进一步探讨如何平衡个体与组织目标及两者的可持续发展。

在本书中，OKRE 中的 E 是 "enabling"，即赋能，OKRE 强调通过在核心层面对个体和团队进行赋能来实现关键目标和结果。它有四个核心特点：其一，关注个体需求、成长及目标、组织目标融合的目标价值体系构建；其二，明确了关键结果和目标实现的路径或结构体系；其三，关注了数字技术框架支持与组织结构支撑；其四，关注外部环境，OKRs 可以根据外部环境变化进行调整，而且能基于"跨边界"思维实现共生协同成长。数字化时代下，OKRE 能有效实现人力资源管理与战略、业务的协同，为个体与组织赋能。

OKRE 的实现路径与结构体系⊜

为了更好地探索 OKRE 的内涵与框架，本报告基于调研结构

⊖ 陈春花，刘超. 数字化生存与管理价值重构（五）平衡个体与组织目标——共生人力资源下的 OKR 探索 [J]. 企业管理，2020(10):100-102.

⊜ 本小节以下内容大部分来自数字化生存与管理价值重构系列文章（有调整）：陈春花，刘超. 数字化生存与管理价值重构（五）平衡个体与组织目标——共生人力资源下的 OKR 探索 [J]. 企业管理，2020(10):100-102.

与OKR的管理实践，提出了OKRE应遵循的路径与结构体系（见图3-36）。

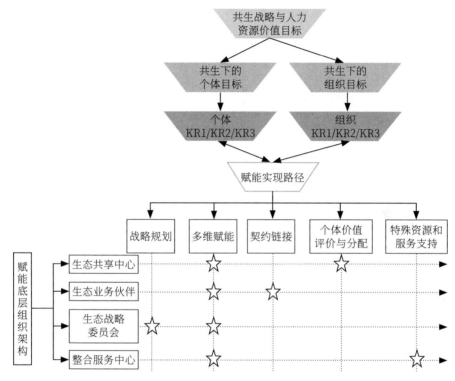

图3-36　共生人力资源管理模式下个体与组织目标管理架构设想

识别有价值的个体目标与组织目标。数字经济时代下，人力资源管理的本质是实现边界内外个体与组织价值经营。因此人力资源管理创造价值的两个维度，便是关注个体与组织层面。两个维度的目标设定遵循OKR的原理，它不必是确定及可衡量的。组织可以提出共生环境下的个体与组织目标。例如，在个体层面的目标是"更好地提升个体的价值创造能力"，"致力学习成长"及"关注个体的心灵或信念健康"。在组织层面的目标是"更好地提升组织生态的价值创造能力"，"致力组织学习成长"及"关注组织文化或信念健康"。在制定目标的过程中，组织需要注意目标应由组织成员共同讨论确定。而且目标最好具有一些挑战性，这能激发组织成员的工作热情。当然，目标的个数以少于 5 个为宜。百度实施了 OKR 的管理实践，基于数字化管理背景，百度提出了共生环境下的组织目标。在组织层面的目标是"建设移动生态、AI 应用保持领先，以及打造强有力的组织能力"。对于个体目标层面，百度并未明确提出相关目标，但将个体层面目标作为组织能力建设的关键结果，如个体层面的"激发从 ESTAFF 到一线员工的主人翁意识"及"更有意愿、有能力的自我驱动管理"等。

明确制定个体与组织层面的关键结果。OKR 的第二步就是制定关键结果，即支持个体与组织目标得以实现的核心要素。关键结果应该是可以衡量的，符合 SMART 原则，即满足具体性（specific）、可衡量性（measurable）、可实现性（attainable）、相关性（relevant）和时限性（time-bound）准则。关键结果要能很好地支持目标的完成，而且可以落实到个体、团队及组织层面上，其指标数以 3～5 个为宜。事实上，对于每一个体，他们都有自己的 OKRs，而且任何员工都可以看到 CEO、部门、团队及个人的目标是什么。因而，在关键结果的制定上，一定要和团队成员讨论、沟通，要避免投入精力到与关键结果无关的业务中。在百度，OKRs 有两种类型，即承诺型 OKR（committed OKR）进取型 OKR（aspirational OKR）⊖。前者是团队成员一致认同并为之努力的 OKR，是团队愿意调整时间和资源以确保交付的 OKR，它们的平均预期完成度是 1.0。后者表达了团队希望世界是什么样，即

⊖ HRead. 百度第一批试点 OKR 的经理亲述实践心得 [EB/OL].（2019-02-12）.

使团队暂时还不知道如何到达那里，它们的平均预期完成度是0.7。

完善OKR管理中多元赋能的过程机制。每一个体的OKR在公司都是公开透明的，因而个体有较强的意愿去完成目标。但同时，这对员工及管理者的能力及素质要求较高。因而，为了更好地帮助组织员工实现OKR，人力资源管理就需要对各员工及组织进行多元赋能。遵循本书对人力资源管理四核心模块的探索，对个体与组织赋能的第一个路径首先表现在战略导向方面，让员工从认知层面理解、认同企业战略。战略导向要求人力资源管理者能像CEO一样思考，能一起参与制定公司愿景、未来成长路径等。只有人力资源管理者充分地参与战略规划及愿景制定，他才能确保招聘到高质量人才，并确保人力资源与战略的协同效率。人力资源的"战略导向"赋能要帮助明确个体任务、目标与组织战略及目标之间的关系。

赋能的第二个路径表现在技术、文化心灵及学习培训等方面。最近的新冠肺炎疫情加速了数字化的到来，也让我们看到了更多实现个体组织目标融合的策略和方向。为了更好地达成目标，一方面需要技术赋能，利用大数据、云计算、人工智能等将员工从程序性工作中解放出来，让其关注更有价值的创造性工作。此外，数字化工作提高了个体决策的理性化能力，并将人力资源数字化，充分共享数据，这使得员工可以自主思考与自我服务。同时，数字技术让员工可以远程居家办公，既能帮助组织降低通勤成本，还能照顾个体灵活工作的需求。另一方面，要为员工进行心灵、文化的赋能。个体工作动力的本源在于"信念""心灵"，只有个体对工作具有更高的价值感知，才会更努力地进行创造性工作。人力资源管理不能仅仅是冷冰冰的数字，更应该是心与心的交流和沟通。当每个人的心灵宝藏被打开后，个体无穷无尽的力量就会释放出来。数字化文化的核心是营造相互信任的组织文化、简约高效的工作文化以及目标导向的激励文化。

赋能的第三个路径表现在契约设计上。员工与组织之间不但有经济契约，还有心理契约、社会契约，甚至是个性化契约。为了适应数字经济时代员工的跨边界流动与多元"工种"，人力资源管理者要设计系统多元灵活的契约体系，既确保高创造力的人才能够被充分吸引，又能让他们具有责任感，全力实现组织目标。疫情期间，西贝将1000名员工"共享"给盒马鲜生，这是否会成为一种新型雇用方式？如何与员工建立合适的契约关系，并设计灵活用工安排与合理人力资源调度体系？这是组织赋能模型要思考的方向。赋能的契约设计既会让个体尽可能发挥自己的能力，又能让组织借助更强大个体的能量来实现组织目标。

赋能的第四个路径表现在新的价值评价与分配系统上。人力资源管理者需要关注构建与个体价值创造方式相一致的生态型价值评价与分配工具，并持续运用。评价系统要全方位，且将对其他主体的价值贡献进行衡量。如微软构建了新的绩效体系，员工只要真正做出了价值创造就会得到奖励。这种价值创造不仅表现在自身贡献上，还表现在是否有效地促进了他人（包括团队、组织）的贡献，这就体现了共生价值。赋能的评价体系要更好地反映共生，而且分配体系要与个体的价值创造、评价相一致。

赋能的第五个路径表现在特殊场景的资源与服务支持。我们认识到，存在一些特殊的场景，需要调动特殊的资源和服务。人力资源管理部门需要完成这一特殊的临时"场景"任务，能机动性地弥补其他赋能路径的不足。

同样可以看一看百度的案例，在数字技术框架下，百度的 OKR 管理可以实现信息可追溯、管理预警（对部门、团队及个体得分与进度预警并激发改进方案）及全方位评价（可对相关部门、相关同事的目标进行评价）。同时，百度已可以通过机器完成智能简历的筛选、智能人岗匹配、智能面试评估。基于任务领导力及社交网络等，百度建立了可靠的数据模型用来赋能人力资源部门。智能分析系统、百度 hi、Debug 系统及 Trace 系统等数字技术工具都是百度赋能员工的核心力量。百度搭建智能指标系统来分析部门的创新机制，并解构部门的创新能力构成与机制，帮助各部门管理人才创新。对于文化管理，百度也比较关注，"百度七剑客"之一的崔珊珊回归后的第一个任务就是担任"文化委员会秘书长"，主管人才管理及文化建设。崔珊珊给百度文化带来了静水流深的改变，尤其是主导 OKR 的落地实施，让公司能在外部环境的动态变化中构建相应的组织能力。百度希望 OKR 能成为文化 DNA 中的一部分。百度采取的文化赋能措施是将文化价值观整合进绩效考核中，确定"文化不合格一票否决"的考核标准。在 OKR 实践中，百度员工愈发感受到的氛围是时刻学习创新、共享、包容与改进。在学习培训上，百度亦要求员工个体进行学习成长，在度学堂进行学习打卡，并输出一些学习与工作文档。

组织结构变革与支持。在未来，可能需要进行更多的组织变革来承载数字经济时代下的人力资源管理中的个体与组织能力构建与目标达成。人力资源管理部门需要创立相应的底层架构或组织结构来匹配。组织结构变革的核心点是需要降低纵向层级、打破横向部门墙，将组织流程中的"串联"变为"并联",让不同单元间能更好地交互与协作。企业实践中已出现很多类似的组织结构创新,如腾讯、谷歌的"鸟巢结构",Facebook 的网状结构,华为的"铁三角"矩阵结构等。而在人力资源的结构变革中,华为、腾讯、阿里巴巴都是很早引入了三支柱模式,并进行了情境化的升级。

在共生价值理念下,我们将人力资源三支柱进行"进化"以更好地反映组织与外部环境的关系。共享服务中心进化为生态共享中心,业务伙伴进化为生态业务伙伴,专家中心进化为生态战略委员会,这其中的核心便是跨组织边界思维。特别的,我们参考 IBM 的做法,认为人力资源部需要一个整合服务中心来提供特殊的"场景化"资源和服务支持。正是这些底层的组织架构能实现对于个体的多元赋能。而如何基于共生思想更好地对个体进行赋能,其实践机制可以参考图 3-36,很多 OKR 管理中有实效的流程和工具都可以运用进来。为了更好地推进 OKR 变革,百度进行了一系列组织管理变革。例如,根据 OKR 的公司层面的战略目标,百度将以搜索为主的公司战略转型为移动生态事业群组,并进行了相应的重大人事调整。同时,崔珊珊在大量内部员工调研及访谈基础上,对百度用人机制进行了革新。在人员管理上,建立新的人才梯队计划,坚定不移地推行干部年轻化进程及高管退休计划,让优秀人才能脱颖而出。特别的,对于高管的选拔,百度已从外部空降转向以内部提拔为主。同时,崔姗姗推进了文化变革,在推行 OKR 之前,她做了很多次内部沟通与演讲,并确保所有团队领导、基层管理者、中层及高层管理者都理解,公司为什么要做组织和文化变革,并明确阐述公司提倡什么、反对什么。

百度还通过数字技术框架收集了员工的 OKR 及相关工作信息，建立了透明、公开的绩效考核平台，这些信息在公司范围内进行共享，组织成员都能成为绩效考核的监督者，并可以基于 OKRs 进行沟通互动，这有力地提升了个人自我管理动机、能力及团队氛围。通过百度内网，百度建立起"简单之约"的战略对齐，邀请各业务领军人物进行报告答疑，这有力地保障了 OKR 在各个层面的理解与贯通。

结语与展望

数字经济时代下，人力资源管理领域发生了深刻的变化。这其中很关键的一点是对员工的要求从胜任力向创造力转变。一方面，ABC 技术及人工智能、自动化程序等逐渐开始替代烦琐的程序性工作，人才有更多时间和精力参与高创造性的工作，人力资源管理的重要工作为激发个体的创造力与团队协同力。另一方面，工作节奏的提升和工作时间的增加使得人的工作压力与疲惫感剧增，个体工作的价值感与激活度不够，这严重影响了员工的创造力，这种要求与变化对人力资源管理的多元赋能提出了很高的要求。

本书探索了数字经济时代下的人力资源管理新模式。根据人力资源管理理论与实践的回顾与调研，确立了四个核心模块。战略导向、契约链接设计、多维赋能和员工价值评价与分配是围绕共生价值来进行的，这是数字经济时代人力资源管理的重要特点。它强调，人力资源的战略模式需要思考共生环境下的多元主体（包括客户、员工、其他组织等）的价值实现，并进行人力资源与战略的高效匹配。人力资源的赋能管理要跨边界内外赋能，针对多元主体既要技术赋能，又要心灵与文化赋能。人力资源的契约链接要考虑边界内外的不同用工主体，设计系统优化的链接系统。人力资源的价值评价与分配系统更要重视共生价值的实现，不仅要看个人的绩效表现，也要看对他人、团队及组织的价值贡献。我们通过多个案例展示了不同企业在某一核心模块的最佳实践与管理机制，但需注意的是，并不是该案例在其他模块表现不佳。事实上，优秀或卓越的企业往往是在这四个模块做得都比较好。为了聚焦主题及更深入地阐述某一核心模块的最佳实践与机理，本书仅选取了每个案例的其中之一进行展示。

人力资源管理的本质是搭建个体组织共生共享的平台，让个体与组织建立良好的契约关系，进行赋能并让员工具有持续的创造力。企业要重视个体与组织发展的平衡，可以尝试通过目标管理的工具实现个体目标与组织目标的融合。HRM 帮倒忙的一个主要原因是个体绩效与组织绩效的冲突。OKR 超越了传统的绩效管理工具，将个人目标与组织目标、战略联系起来，能让公司各部门保持步调一致，聚焦结果而非只是努力工作，激发员工不断思考如何能落地战略等。本书认为，绩效评价应涉及短期绩效、长期投入、文化价值观及对他人的配合性及协同性等。新型的评价系统需借助于数字技术及智能系统，将战略与绩效打通，将战略目标层层分解到个人，并追踪到个人。通过价值评价，员工自己与领导能理解"绩差"员工与"绩优"员工之间的差异，并开展针对性的培训与绩效改善，激发员工的自我学习。

4

新财务管理模式

赛迪顾问在其发布的《2018中国数字经济指数白皮书》中指出，随着居民消费升级以及信息通信技术与传统产业的加速融合，我国数字经济未来整体上会呈现加速增长的态势；预计2020年我国数字经济规模将达到6.4万亿美元，同比增速达到19.4%。国际数据公司（IDC）的数据同时印证，数字经济的爆发已是全球趋势，预计到2021年，全球数字经济规模将达到45万亿美元，在经济中的占比将超过50%；中国已成为全球数字经济的引领者之一，届时中国数字经济规模将达到8.5万亿美元，比重将超过55%。

数字化的发展使得世界正在经历人类历史上最具变革性的时代。作为当前经济效率提升和经济结构优化的重要推动力的数字经济，同时也是培育新增长点、形成新动能的主要领域。伴随着数字经济的发展，企业也经历了从会计电算化到财务信息化的转变，越来越多的企业已经从信息化中受益。网络报账、影像系统、资金交易处理平台等都已经成为今天财务共享服务中心的标配。这是一个最好的时代，数字技术的深入发展，为传统核算带来了更多好用的工具，绩效管理、质量管理、客户服务也越来越多地依靠系统支持和完成。

财务管理在企业中是关键的一环，严格意义上讲，财务管理是对企业成长的管理。㊀财务管理系统是最先使用数字化方式的管理系统。虽然层出不穷的新技术已逐步应用于财务管理领域，但大多数企业只关注经营过程中的数据统计和核算，忽视了市场竞争力、客户管理、员工管理等方面的重要信息，因此无法对未来发展方向进行有效预估。有效运用数字技术服务于可持续经营，将成为数字化时代企业面临的最大机遇和挑战。

4.1　财务管理面临的挑战与机遇

《管理会计兴衰史》中指出，就当今企业所处的环境而言，企业的财务管理系统已经远远不能满足企业管理的需要。㊁数字化时代，企业需要借助数字技术，回归顾客并制定"有效价值增值"的科学发展战略，但至今"价值增值"的目标尚未被明确提及，新的财务管理模式亟待挖掘。㊂

㊀ 陈春花. 陈春花：为成长而做的财务管理，让企业安度危机 [EB/OL]. [2020-07-29]. https://mp.weixin.qq.com/s/Uqck5iQcs_6usMsLEsxdXQ.

㊁ 托马斯·约翰逊，罗伯特·卡普兰. 管理会计兴衰史 [M]. 金马工作室，译. 北京：清华大学出版社，2004.

㊂ 陈春花，朱丽，钟皓，刘超，吴梦玮，曾昊. 中国企业数字化生存管理实践视角的创新研究 [J]. 管理科学学报，2019, 022(010):1-8.

数字化生存的挑战

伴随经济全球化、企业国际化、科技进步和管理变革，一方面复杂多变的商业环境对财务及时性、准确性、有效性的要求与日俱增，另一方面传统分散的财务管理模式在政策制度、流程标准、操作规范、人员能力等方面的参差不齐，造成了财务运行成本高、效率低，风险频发，财务组织变革势在必行。

从 20 世纪 80 年代福特公司建设全球第一家财务共享服务中心开始，集团型企业逐渐将跨地区、重复度高、工作量大的财务工作集中到共享服务中心进行处理，实现了标准规范化、管理集约化、职能专业化、数据统一化，进而实现了集团层面的资源整合，提升了财务运营的质量和效率。财务工作的重心也开始逐渐由日常核算向辅助管理和支持决策转变。财务共享服务中心的建设，成为财务转型的重要根基。

如今，全球 90% 以上的《财富》500 强企业已经应用财务共享服务，财政部和国资委于 2013 年开始明确推广建设财务共享中心，华为、海尔、中兴等企业也成了国内较早推行财务共享中心的标杆，取得了显著的建设成效。以财务共享为基础，进行组织和流程再造，追求共享财务、业务财务、战略财务三位一体，以价值创造为导向的财务管理模式，已成为财务管理转型发展的方向。

数字经济发展的机遇

伴随着数字经济的发展，企业也经历了从会计电算化、财务信息化，到财务智能化的转变，越来越多的企业正从智能技术的应用中受益，OCR 影像识别、财务（流程自动化）机器人 RPA、规则引擎、银企税资直连平台已经成为今天财务共享服务中心的标配。虽然层出不穷的数字技术和智能手段已逐步应用于财务管理领域,大大提高了传统财务核算工作的效率,但时代发展对财务管理也在不断提出更新更高的要求——财务要真正向"价值创造型财务"转型升级。在生态经济的大背景下,如何找到业务财务和战略财务的管理抓手,让其充分发挥作用,成为数字化时代的重要命题。

财务作为货币化的业务语言,是商业世界的"数字化"雏形。如今迈入数字化时代,企业内外部的各项活动,以及消费者、供应商、员工等多元主体的各项信息都可以被收集转化为数据,财务部门作为数据的加工方,成为实现数据采集整理、分析洞察、预测决策的企业数字化闭环的关键节点——当企业边界被打破,财务的边界也应该被打破——财务,不仅需要走出财务部门的职能边界,与业务紧密结合,更要走出企业组织的主体边界,与产业上下游深入连接。数字化时代的财务管理,也应从核算型、业务型、战略型,发展到财务 4.0 阶段——生态型(见图 4-1)。

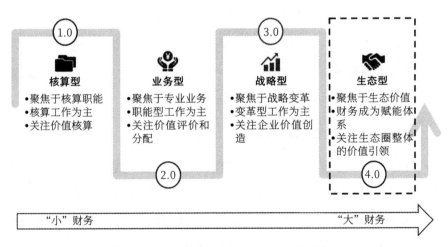

图 4-1 "小"财务到"大"财务的转变

工业时代，业务即财务，财务即业务。数字化时代，一切业务数据化，一切数据业务化。财务部门成为数据化闭环的关键节点。数字化时代，财务管理应该聚焦于产业生态价值的创造。作为数字化时代生态价值衡量的工具，财务管理成为企业在产业互联网时代的全面赋能体系，这就为财务创新，特别是财务管理创新提供了巨大的时代机遇。

财务管理底层逻辑的转变

既然原有的财务管理模式已经远远不能满足数字经济时代下财务人员的期待以及企业发展的迫切需求，未来的财务管理模式应何去何从？我们从六个方面对比传统与数字经济时代财务管理的具体差异（见表4-1）。同时，我们基于此对"财务管理可能实现的新功能或畅想"进行了进一步调研，以帮助我们借鉴企业财务人员的管理实践诉求，探索新的财务管理的认知框架。

表 4-1　传统与数字经济时代财务管理的具体差异

	传统的财务管理	数字经济时代的财务管理
管理目标	为财务核算服务	解析价值增值，直接创造价值
管理工具	财务软件	共享平台、大数据分析
管理范围	内部财务信息	内外部共生主体信息
管理对象	内部财务数据	内外部共生主体信息资产
分析方法	传统财务分析体系	大数据分析技术
结果呈现	传统三大报表	三大报表 + 第四张报表

数字经济时代新财务管理的深入调研

数字技术的革新让人眼花缭乱，移动互联网的全面覆盖、云计算的落地应用、大数据及区块链的积极尝试等，都促使财务人员不断思考如下问题：技术的更迭将会给财务管理带来怎样的改变？企业应当如何应对这些改变？尽管面对数字经济带来的机遇与挑战，众多企业已经认识到财务数字化转型的必要性,但财务人员对数字技术的认识是否足够深入全面?数字技术在企业中的实际应用情况又如何?

为此金蝶中国管理模式研究院以"数字化时代的财务管理新模式"为主题进行了专题研究。调研时间为 2018 年 11 月 14 日~23 日。在调研中我们采用 URC 的在线样本库进行问卷推送,样本量为 240,具体分布在北京、上海、广州和深圳四个城市(每个城市样本量 60),被调研者年龄介于 30~60 岁,被调研者均为财务总监及以上级别。

- 受访者职位和学历

本次调研共有 240 位受访者参与,受访者职位主要是财务部门主管。具体来说,77.9% 的受访者为财务总监,18.3% 的受访者为主管财务的副总裁,3.8% 的受访者为首席财务官(见图 4-2)。此外,受访者学历普遍较高,大部分具有本科及以上学历。具体来说,拥有大专学历的最少,仅占比 1.2%;拥有本科学历的占比最高,为 61.3%;其次是拥有硕士学历的,占比 32.9%;拥有博士及以上学历的最少,占比 4.6%(见图 4-3)。

图 4-2 受访者职位分布

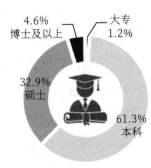

图 4-3 受访者学历分布

本次参与调查的受访者中，性别分布均衡，男女各占 50%（见图 4-4）。此外，大部分受访者较为年轻，年龄介于 30～45 岁的受访者最多，占比 91.7%；50 岁以上的受访者最少，占比 3.3%，年龄最大的受访者为 57 岁（见图 4-5）。

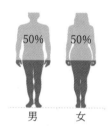 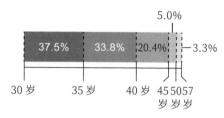

图 4-4　参与调查的受访者性别分布　　图 4-5　参与调查的受访者年龄分布

- 受访者的总工作年限及在目前单位的工作年限

大部分参与调查的受访者总工作年限为 10 年以上不到 20 年，占比 61.3%；总工作年限为 5 年以上 10 年以下的受访者占比 28.8%；总工作年限为 20 年以上的受访者占比 6.3%，最后总工作年限为 3 年以上 5 年以下的受访者最少，占比 3.6%。

参与调查的受访者在目前公司工作 5 年以上不到 10 年的占比最高，为 48.3%；在目前公司工作 10 年以上 20 年以下的受访者占比 36.7%；在目前公司工作 20 年以上的受访者最少，占比 0.4%（见图 4-6）。

- 受访者所在公司规模及财务人员数量分布情况

本次参与调查的受访者中，公司规模在 100 人以下的占比最高，为 29.2%；其次是 500～1000 人的公司和 1000～2000 人的公司，分别占比 22.9% 和 21.3%；10 000 人以上的公司占比最少，为 1.2%

（见图 4-7）。

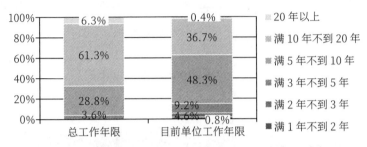

图 4-6　受访者总工作年限和在目前公司工作年限分布

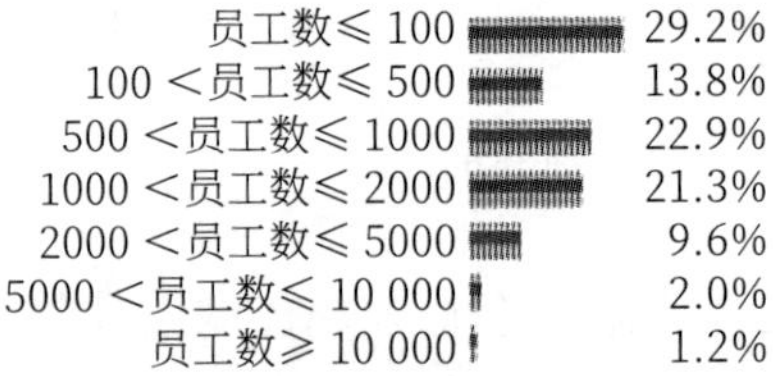

图 4-7　受访者所在公司人员规模分布

本次参与调查的受访者所在公司中，财务人员数量为 1～10 人的占比最高，为 47.0%；其次是财务人员数量为 11～30 人的公司，占比 38.3%；财务人员数量在 100 人以上的公司最少，占比 1.3%（见图 4-8）。

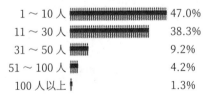

图 4-8　受访者所在公司从事财务管理的人员数量分布

- 受访者所在公司性质及行业分布情况

本次参与调查的受访者所在公司中，单位性质属于私营企业的占比最高，为44.6%；其次是国有企业和中外合资企业，分别占比17.9%和15%；中央企业和港澳台独资企业占比最少，均为0.8%（见图4-9）。

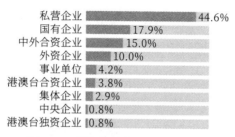

图4-9 受访者所在公司性质分布

本次参与调查的受访者中，所在行业属于制造业的占比最高，为28.8%；其次是信息传输与软件信息技术服务业，占比14.6%；采矿业及居民服务、修理和其他服务业占比最低，均为0.4%（见图4-10）。

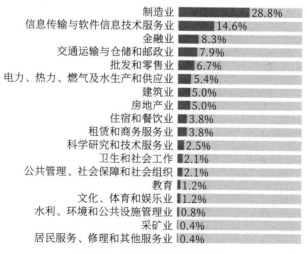

图4-10 受访者所属行业分布

- 受访者所在公司的盈利能力和数字化程度

61.7%的受访者认为企业的盈利能力接近行业平均水平；认为超越行业平均水平的受访者占比29.6%；认为远远超越行业平均水平的受访者占比2.1%；认为低于行业平均水平的受访者占比6.2%；认为远远低于行业平均水平的受访者占比0.4%（见图4-11）。

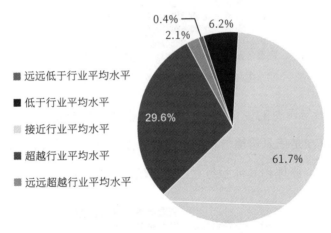

图4-11 受访企业的盈利能力水平

60%的受访者认为企业财务管理的数字化程度接近行业平均水平；认为超越行业平均水平的受访者占比29.2%；认为远远超越行业平均水平的受访者占比1.7%；认为低于行业平均水平的受访者占比8.3%；认为远远低于行业平均水平的受访者占比0.8%（见图4-12）。

以上是对受访者基本信息、财务管理态度和观点的初步呈现。由于大多数受访者所在企业的盈利能力和财务管理数字化程度较高，因此基于此样本进行财务管理新模式的探索和判断具有一定的参考价值。希望以上内容能促进企业财务管理发挥更大的价值，对企业财务管理数字化转型的实践和落地有所启发。

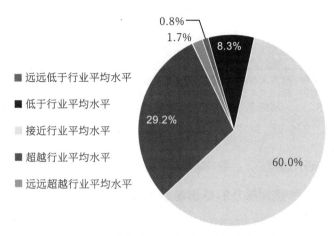

图 4-12　受访企业财务管理的数字化程度

4.2　新财务管理模式的四个维度

我们以"数字化时代的财务管理新模式"为主题进行了专项调研，探索企业财务管理数字化转型的实践及落地实施，以期促进企业财务管理在数字化时代能发挥更大的价值。

维度一：技术赋能维度

金蝶调研结果显示，25.4% 的受访者认为学习和掌握驱动转型的技术是数字化时代财务管理工作本身面对的最大挑战；20.8% 的受访者认为财务人员对新技术观念的转变也是十分重要的挑战；认为高层领导的数字化战略洞见与企业内部财务管理基础设施的建设具有挑战性的均占比 15.4%；认为财务人员职业认知观念的转变很具挑战性的，占比

13.8%；认为公司对财务人员的学习支持是重要挑战的受访者最少，仅占比9.2%（见图4-13）。

25.4%	20.8%	15.4%	15.4%	13.8%	9.2%
学习和掌握驱动转型的技术	财务人员对新技术观念的转变	高层领导的数字化战略洞见	企业内部财务管理基础设施建设	财务人员职业认知观念的转变	公司对于财务人员的学习支持

图 4-13　数字化时代财务管理工作本身所面对的挑战

金蝶调研结果显示，数字技术应用有待推广，云计算是最受欢迎的数字技术。尽管大部分的受访者认为所在企业的数字化程度接近行业平均水平，仍有38.8%的公司尚未在财务领域应用任何数字化手段（见图4-14）。而在有所应用的数字化手段中，云计算的使用率最高，为34.2%；其次是可视化，占比27.5%；再次是区块链技术，占比21.3%；最后是财务流程自动化机器人，占比12.1%（见图4-15）。

图 4-14　受访者所在公司数字化应用情况

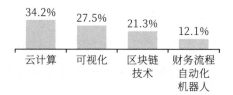

图 4-15　受访者所在公司的数字化工具应用情况

注：多选题，故总和不为100%。

财务人员迫切需要熟悉数字技术是此次金蝶调研中的关键发现。尽管数字技术应用并不十分广泛，但半数以上的受访者认为需要熟悉了解并能向他人解释财务流程自动化机器人、可视化技术及区块链技术。

财务流程自动化机器人（RPA）。50.8%的财务人员认为需要熟悉了解并能向他人解释财务流程自动化机器人；认为自身熟悉了解即可，无须向他人解释的占比21.7%；认为需要熟练运用并深入了解的占比19.2%；认为简单了解即可的占比7.5%；认为无须了解的占比0.8%（见图4-16）。

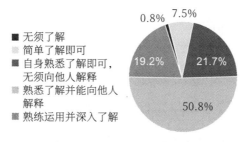

图4-16 受访者对财务流程自动化机器人的态度

可视化技术（visualization）。57.1%的财务人员认为需要熟悉了解并能向他人解释可视化；认为需要熟练运用并深入了解的占比17.9%；认为自身熟悉了解即可，无须向他人解释的占比15.8%；认为简单了解即可的占比7.9%；认为无须了解的占比1.3%（见图4-17）。

区块链技术（block chain）。51.7%的财务人员认为需要熟悉了解并能向他人解释区块链技术；认为需要熟练运用并深入了解的占比23.7%；认为自身熟悉了解即可，无须向他人解释的占比16.7%；认为简单了解即可的占比6.7%；认为无须了解的占比1.2%（见图4-18）。

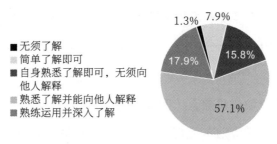

图 4-17 受访者对可视化技术的态度

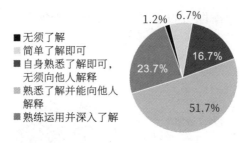

图 4-18 受访者对区块链技术的态度

金蝶调研结果显示：97.1% 的受访者所在公司计划使用数字技术以进行财务数字化转型。财务数字化转型已经成为必选项（见图 4-19）。其中，计划在一至两年之内投入使用的占比 70%，而仅有 14.6% 的受访者表示会在两年以后（三年之内）投入使用数字化转型的财务相关服务（见图 4-20）。

在对财务领域数字化工具的需求内容调研中，57.9% 的受访者认为高级分析是现在以及三年内应用于财务领域最多的数字化工具；其次是云计算，占比 52.9%；第三是区块链技术，占比 41.7%；第四是可视化，占比 40.8%；第五是内存计算，占比 37.1%；第六是认知计算，占比 35.4%；最后是财务流程自动化机器人，占比 24.6%（见图 4-21）。

图 4-19 计划使用数字技术的受访者所在公司分布

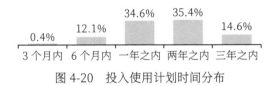

图 4-20 投入使用计划时间分布

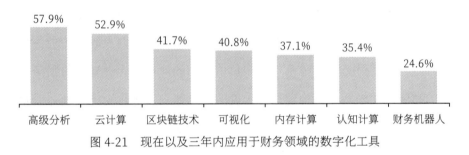

图 4-21 现在以及三年内应用于财务领域的数字化工具

注：多选题，故总和不为 100%。

数字化正在深刻改变财务管理的底层逻辑，财务管理已经和我们所了解的任何行业一样，进入了一个前所未有的革新时代，财务管理模式也随着技术的变革而呈现出更加灵动、互联、协同、共享的数字化时代特征。财务管理转型其实是信息技术发展掀起的新一轮产业革命。随着人工智能引领的智能化技术的密集突破，财务工作将更加自动化和智能化，现有的财务管理运作模式将会遇到极大的挑战。科技发展日新月异，将传统模式下财务人员的精力从大量的低价值、高重复性的会计核算业务中解放出来,转向更具时效性、准确性、灵动性的智能财务中去。

借助于新的技术手段,通过机器学习、大数据建模等技术手段和方法,可以进行智能分析和预测,进而使得财务管理模式能有机会为企业发展创造更多价值。新技术和新模式可以从核算工具、核算目标、核算对象、分析方法和结果呈现的全方位赋能企业财务管理,例如可以通过打造智能的财务管理流程,提高效率、降低成本、控制风险。

维度二:顾客价值驱动维度

金蝶调研结果显示:企业转型要对顾客价值创造的过程进行实时呈现。38.8%的受访者认为将主体对顾客的价值创造时时反映在企业主体账户中,实现财务管理体系与客户价值增值的对接是企业转型与财务相关的重要底层根基;认为建立多维度的主体账户,优化财务管理体系是重要的底层根基的受访者占比22.9%;认为实现跨界业务和传统业务核算的有机融合是重要的底层根基的受访者占比20.8%;认为大数据支撑的外部机会测算和寻求是底层根基的受访者仅占比17.5%(见图4-22)。

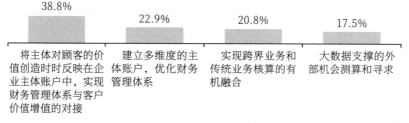

图4-22 企业转型与财务相关的底层根基

如果说互联网改变了我们的经济、金融、社会等多方面的发展格局,那么数字资产将在这个基础上,再一次改变底层商业规律,各种新业态下的商业新模式都将涌现出来。因此,数字化时代急需创建基于财务管理模式创新的顾客价值驱动模式。数字化时代顾客价值驱动需要通过价值活动来完成,基于数据深层次挖掘的顾客高效价值创造和传递。工业时代我们将企业放在中心,考虑如何战胜竞争对手,而今天的商业活动是由"顾客主义"的逻辑主导的,数字化时代需要我们将顾客放在中心,寻求与顾客共生的广阔空间。

在这套逻辑中,顾客价值是考虑所有问题的出发点,而不仅仅是行业变量或企业资源。而当顾客成为共创的主体、改变了价值创造和获取的方式后,可能导致爆发式(而不仅仅是线性)的增长,所以顾客价值驱动需要涵盖在新的财务管理模式中。

维度三:财务人员角色维度

技术的突破扰乱了业务战略和财务团队工作和协作的方式。企业财务部门需要构建未来的财务职能,找到具有技能和动力的人来进行技术创新,以及接受快速变化、不同角色和新方法。随着未来的工具开始应用并发挥作用,对财务人才的需求和财务人才的重要性并不会减弱,但他们所需要的技能将发生变化。

微软加速器进行的一份调研显示,56%的CEO认为"我"应该驱动企业数字化转型,在CFO中,这一比例为69%,而在与数字化直接相关的CIO中,这一比例为63%,比CFO的回复低了6个百分点。从CEO视角我们可以得出,其在数字化转型中对CFO的期望值最高,具体为CEO对CFO(56%)的期待是对CTO/CIO(22%)的期待的两倍多。由此可见，CFO 在企业面临数字化转型时，即具有较高的主体意识，更受到 CEO 的绝对性高度重视（见图 4-23）。

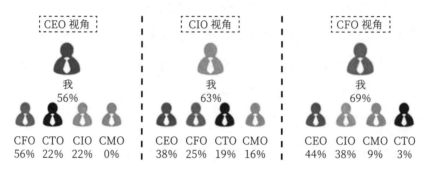

图 4-23　数字化转型的 CEO、CIO、CFO 视角观察

随着信息时代的到来，各个领域都在发生着巨大的变革，线下线上都在更紧密地结合。财务部门不仅要面对风起云涌的外部环境，还要随时应对因技术创新、业务转型加速带来的企业数字化转型的风险和变数，传统的"财务总管"角色再也不能满足企业管理的数字化时代新诉求。企业对于财务人员的角色期待将从能够进行传统的会计核算、资金结算等基本业务，转向能够帮助企业进行数字化时代的战略调整、资源整合、优化配置等高端智能支持工作。

从手工记账到会计电算化，从算盘到计算机，每一次变革都让财务人员的工作发生了质的飞跃。现如今数字化时代正在悄然到来，大数据、云计算、人工智能，日新月异的技术革新都使财务人员的工作重点发生着转移（见图 4-24），财务共享和财务数字化不断被提上日程，财务人员的新角色也产生质的转变：

从"账房先生"到"军师参谋"；

从"资源消耗者"到"价值创造者";

从"命令服从者"到"主动参与者";

从"业务执行者"到"数字化构建者"。

新一轮的财务管理模式变革,急需具有数字化思维、战略意识和综合能力的财务人员。有担当、有能力、有视野、有格局的财务人员将有更加广阔的职业发展空间。

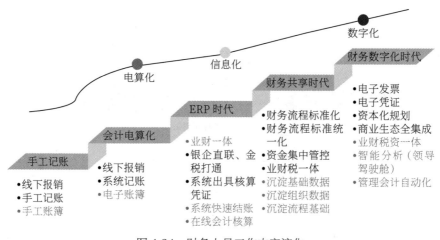

图 4-24　财务人员工作内容演化

资料来源:贾菁.财务数字化转型,从看见到洞见 [EB/OL]. [2019-10-10]. 个人图书馆. http://www.360doc.com/content/19/1010/23/31667578_866030976.shtml.

维度四:企业生存的协同需求维度

数字化时代的根本变化是"共生是未来组织发展的路径选择,而协同才能实现组织内外的整体效率"[⊖]。跟其他主体共生是未来企业组织

⊖ 陈春花. 陈春花:向协同要效率 [EB/OL]. [2019-12-22].https://www.sohu.com/a/360157481_120047015.

的进化路径。而要获得这种进化路径，组织自己需要实现最大的系统效率，这个效率就来自协同。从组织形式的嬗变中也可以看到企业越来越向生态组织发展（见图4-25），构建和融入价值网络中，呈现分布式网络、共创共享的形态。应对企业数字化时代的协同需求，被协同主体也开始被管理者要求，财务管理具有相应的核算或计量能力，进而为企业数字化协同生存提供重要决策支持。

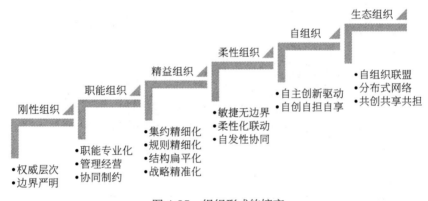

图 4-25　组织形式的嬗变

数字经济时代，企业间利用竞争优势与生态优势形成相互促进、相互依赖、共同发展的生态系统，良性循环，进而更快实现发展目标。而企业的财务管理也应当走向生态财务，发展成为包括预算、融资、税务、银行、内控、新业务发展等的财务平台。助力企业在生态系统中共生发展，协同共赢。金蝶调研结果显示41.3%的受访人员认为协同——运用财务体系达到1+1>2的协同优势是数字化时代下新财务管理体系的关键词（详见图4-35）。

数字经济时代，已经很难对一个企业或者一个行业界定它的"属性"，跨界无处不在。打破边界的企业能够获得新的信息数据及资本，发挥这些资源的最大价值，是企业形成新优势的关键所在。而财务部门是一个企业中信息最集中的部门，其有责任也有义务运用自己的信息优势和专业技术去指导那些责任与知识结构不完全匹配的职能部门，并融合创新，助力企业提升竞争优势。

对于协同的关键方面，调研结果显示：企业构建外联的小助手是财务管理最可能实现的新功能。28.3% 的受访者（财务人员）认为财务管理能够为企业构建外部联盟网络提供数据参考依据，是财务管理最可能实现的新功能；此外，27.9% 的受访者认为员工、部门、企业、上下游等的多维度核算（财务核算内容扩大）也是比较可能实现的新功能（见图 4-26）。

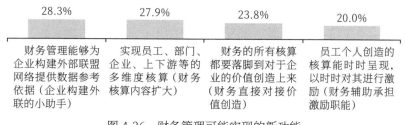

图 4-26　财务管理可能实现的新功能

我们在调研过程中发现：协同中的"系统对接 + 跨界"尝试和核算最为重要。69.6% 的受访者认为"系统对接（44.2%）+ 跨界（25.4%）"尝试和核算是数字化时代财务管理的关键职能；占比 15.4% 的受访者认为设置核算账户时要覆盖到员工、部门、企业、上下游等多价值主体；而仅有 15% 的受访者认为财务管理体系的重心，要从价值核算向价值创造转换（见图 4-27）。

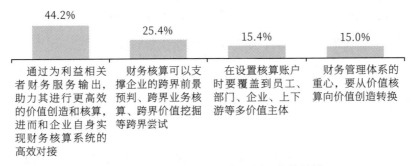

图 4-27 数字化时代财务管理新职能的关键

4.3 第四张报表的提出⊖

"工欲善其事，必先利其器"。目前大量企业的财务管理部门中，70% 的工作内容和时间仍聚焦于传统财务管理工具载体——"三表一注"上⊖。数字化时代急需新的财务管理工具载体帮助财务管理部门和人员，将工作的重点转移到那些为企业创造价值的，更加全面、相关、及时的工作上，进而真正实现财务管理的数字化转型。

对于"您认为对数字化时代下的财务管理最为贴切的表述"一题，金蝶调研结果显示：28.8% 的受访者认为三大报表解析者和第四张报表的创造者是对数字化时代财务管理最贴切的表述。此外，内外部共生主体信息资产的解析者（25.4%）、共享平台、大数据分析的应用者（22.9%）也被认为是比较贴切的表述，而仅有占比分别为 15.8% 和 7.1% 的受访者认为价值增值的解析者与价值的直接创造者是对数字化

⊖ 朱丽，王甜，吴梦玮，曾昊. 数字化生存与管理价值重构（二）共生增值表：数字化时代第四张报表 [J]. 企业管理，2020(7):103-105.

⊖ 吴梦玮，朱丽，曾昊. 数字化生存与管理价值重构（四）共生增值表的实践路径 [J]. 企业管理，2020(9):100-103.

时代财务管理的贴切表述（见图 4-28）。

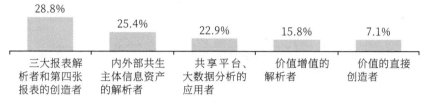

图 4-28　数字化时代下的财务管理最为贴切的表述

传统财务管理模式的管理载体，是经典的"三表一注"财务报表体系——资产负债表、利润表、现金流量表，以及报表附注。"三表一注"体系以复式记账法和会计准则为基础，是具备借贷平衡关系、提供规范信息的标准工具载体。在工业时代，"三表一注"作为商业通行语言，具备独特的优势——基于统一标准抽象出的量化信息，可以"翻译"出企业的历史商业行为和结果，并使得跨企业、跨行业的比较分析成为可能。

金蝶调研显示，改善数据和分析能力成为重中之重的财务职能。45% 的受访者（财务人员）认为改善数据和分析能力，从而转变预测、风险管理和理解价值驱动因素是重要的财务职能；17.1% 的受访者认为改善财务及业务部门或职能部门之间的业务伙伴关系是重要的财务职能；占比分别为 10.8% 和 10.4% 的受访者认为通过运用机器人流程自动化等新技术降低财务职能成本与通过财务外包、共享服务等措施提高利益相关者效率是重要的财务职能；仅有占比分别为 9.2% 和 7.5% 的受访者认为优化风险（包括网络风险）管理能力及对财务职能技能组织进行重大更改是重要的财务职能（见图 4-29）。

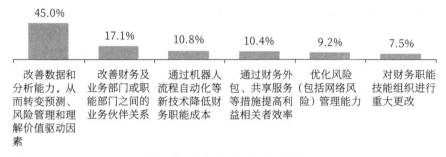

图 4-29　最为重要的财务职能

财务报表("三表一注")拥有来自工业时代的基因,而这也使得其在数字化时代的应用有很大的局限。首先,"三表一注"是典型的以企业为核心的管理载体,报表的服务对象主要是股东、债权人、监管机构等,报表的出具目的是为上述使用者提供标准化信息。"三表一注"存在如下几个问题,首先其口径固定、内容局限,无法满足数字化时代对业务经营综合呈现的要求,信息的全面性有待提升;其次,"三表一注"是基于谨慎性和确定性编制的,企业在数字化时代最重要的资产——用户资产和员工资产,无法通过"三表一注"的计量基础得以反映,信息的相关性有待提升;再次,"三表一注"面向过去、定期编制,对于企业经营状况的反馈是滞后的,信息的及时性有待提升。

这些问题在财务管理遇到的数字化时代新挑战中可见一斑,那么未来数字化会带给财务管理怎样的挑战呢?实践中德勤提倡的"第四张报表"是一张关注于业务数据的"数字资产表",通过揭示用户数据与财务之间的关系,来帮助企业将数据变现,并实现事前决策。对此金蝶调研了职位为财务总监及以上人员对于"第四张报表"的态度,向他们提出了"您认为对第四张报表应该达到何种程度的理解,才能帮助您更好地胜任数字化时代财务管理工作"的问题。

调研结果显示：51.3%的财务人员认为需要熟悉了解并能向他人解释第四张报表。此外，认为需要熟练运用并深入了解的占比23.7%；认为仅自身熟悉了解即可，无须向他人解释的占比20%；认为是噱头，无须了解的占比3.8%；认为简单了解即可的占比1.2%（见图4-30）。

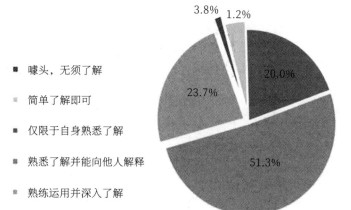

图 4-30 对"第四张报表"的态度

4.3.1 财务管理基本假设的新挑战

财务报表的种种"先天"条件，决定了单独的财务报表无法为企业提供全面、相关、及时的数据和信息，在工业时代，会以业务报表对其进行补充。业务报表由业务部门主导编制，可以更加深入地反映业务发展的各项组成要素，包括数量价格、分区域分产品线构成、增减变动的构成等，但业务报表同样面向过去，反映的是企业价值的结果，不能反映生态圈内各个利益相关者的关系，也不能反映用户价值和员工价值的变化。数字化时代，面对生态经济，财务管理工具也需要变革和创新，才能真正支撑组织数字化时代的新发展。以下是财务管理的五项基本假设，每一项在数字化时代都遇到了新挑战。

理财主体假设："指企业的财务管理工作不是漫无边际的，而应限制在每一个经济上和经营上具有独立性的组织之内"。挑战：数字技术的成熟和应用，打通了产业和场景的可连接性，打开了产业生态圈的时代，企业成为生态圈的节点，企业因连接而产生价值⊖。

持续经营假设："假定理财的主体是持续存在并且能执行其预计的经济活动的，该假设明确了财务管理工作的时间范围"。挑战：数字技术的进步加速推动了行业进步，财务管理的视角不再是注重短期的和过去的，而是注重长期和未来的。

有效市场假设："财务管理所依据的资金市场是健全而有效的"。挑战：有效市场的前提是市场参与者能够对所有市场信息迅速做出合理反应。数字化时代下，海量数据的存在，对信息的挖掘分析和判断提出了更高的要求和挑战。

资金增值假设："通过财务管理人员的合理运营、企业资金的价值可以不断增加"。挑战：资金管理成为企业价值管理的一部分，不再仅从资金角度割裂开来进行考查。

理性理财假设："从事财务管理工作的人员都是理性的理财人员，其理财行为也是理性的"。挑战：财务能力只是财务人员的基本功，多元化的背景和商业洞察是数字化时代财务管理人员的核心竞争力。⊜

⊖ 陈春花，朱丽，钟皓，刘超，吴梦玮，曾昊. 中国企业数字化生存管理实践视角的创新研究 [J]. 管理科学学报，2019, 022(010):1-8.

⊜ 上述五项有关财务管理假设的概念摘自百度百科财务管理假设词条。

4.3.2 财务管理的新要求

时代的要求 1：新的财务管理模式——价值驱动

创造价值是转型面临的最大挑战。根据调研显示，关于财务转型面临的最大挑战问题上，"价值创造 + 管理决策支持"的支持率过半。其中 27.5% 的受访者（财务人员）认为财务转型面临的最大挑战是创造价值；分别有占比 25.4% 和 24.6% 的受访者认为最大挑战是管理决策支持以及观念转型；此外还有 14.2% 的受访者认为最大挑战是财务分析，认为税务筹划为最大挑战的受访者最少，仅占比 8.3%（见图 4-31）。

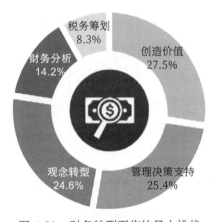

图 4-31　财务转型面临的最大挑战

财务管理模式需要由价值记录转向价值创造的新方式。从价值记录转向价值创造的过程也即财务管理模式的升级过程——从共享财务到业务财务，再到战略财务，在财务管理模式的升级过程中，对财务人员的素质要求也是逐渐上升的。共享财务（智能化）：所有交易流程在共享中心或外包实现自动化处理，共享财务人员主要管理异常情况。业务财务（业财一体化）：财务管理与业务紧密协同，业财一体化更强调外部性，强调将财务数据与外部信息紧密结合，以辅助建模和预测业务成果，优化战略计划，确定最佳业务机会。业财一体化也是企业信息化建设的重心，对财务人员的综合能力提出了很高的要求，需要财务人员在"专业"和"综合"方面同时做出改变。战略财务（更具弹性）：战略财务将通过战略风险管理来管理不确定性，财务人员需要使用预测分析来评估战略决策带来的影响，为可能到来的冲击提前进行规划和管理。随着分析技术的升级，以及数据规模和复杂性的不断提高，财务管理的价值驱动模式在人工智能和认知科技的推动下将不断创造新的方式和可能（见图4-32）。

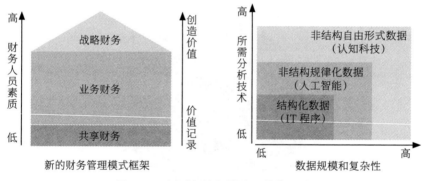

图 4-32　新财务管理模式 – 价值驱动

时代要求 2：财务人员角色的转变

组织演化急需新功能。随着组织形式沿着"刚性组织—智能组织—精益组织—柔性组织—自组织—生态组织"不断演变，每种组织特性下核算的属性和边界不断被打破和迭代，随着管理范畴的嬗变，财务管理也逐步衍生出众多新需求，因此我们对财务管理的新功能和财务人员面对的新挑战也进行了调研。

财务人员职业新挑战。在数字化时代的财务管理中，我们就财务人员需要在以下哪些方面提升的问题进行了调研，调研结果如下：43.3% 的受访者认为财务人员最需要在对战略和业务的深入理解上做提升。18.3% 的受访者认为需要在财务专业能力方面有所提升；认为需要提升信息技术能力的受访者占 16.8%；认为需要提升领导变革的能力和沟通表达能力的受访者均占 10.8%（见图 4-33）。由此可见，从财务人员职业发展和能力方面来看，他们需要加强对战略和业务的深入理解，努力钻研提升本职业务技能。

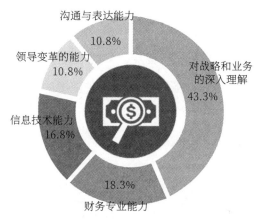

图 4-33　财务人员需要提升的方面

时代要求 3：数字化时代企业的协同需求

财务管理新需求正不断涌现。根据金蝶调研显示，32.9% 的受访者（财务人员）认为对业务价值创造能进行时时核算以激活高价值业务，是对新的财务管理功能最主要的期待；25% 的受访者期待企业间形成跨界连接，探寻共同战略发展空间；20.8% 的受访者对实现部门价值创造的时时核算以激活跨部门合作充满期待。总的来说，财务人员对于"高价值业务 + 跨界"的新功能抱有最大期待（见图 4-34）。

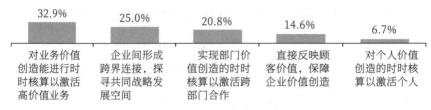

图 4-34　对新财务管理功能的期待

协同是新财务管理体系的关键词。调研显示，41.3% 的受访者（财务人员）认为协同是新财务管理体系的关键词，因为运用新财务管理体系能取得 1+1>2 的协同优势。正如任正非所言，"一个人不管如何努力，永远也赶不上时代的步伐，更何况在知识爆炸的时代。只有组织起数十人、数百人、数千人一同奋斗，你站在这上面，才摸得到时代的脚。"此外，共生也是新财务管理体系比较重要的关键词，占比 27.5%（见图 4-35）。

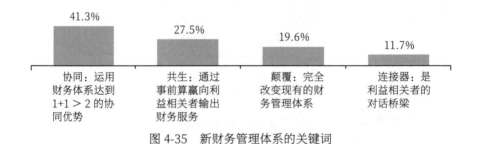

图 4-35　新财务管理体系的关键词

注：多选题，故总和不为 100%。

4.3.3　共生逻辑下的财务管理认知框架

新的财务管理模式和新的财务体系构建已成为共识，但是未来财务管理认知框架的具体调整方向，金蝶在调研中有如下发现。

金蝶调研结果显示，累计 88.8% 的受访者（财务人员）认为财务管理新模式下的最大核算范围能触及公司外部。具体来说，34.6% 的受访者认为公司内部报表、员工价值创造、公司平台小微、用户价值、供应商核算均在财务管理新模式下，核算可以达到的最大范围内；此外，31.3% 的受访者认为除上述核算内容外，外部环境因素核算也能被考虑在内（见图 4-36）。

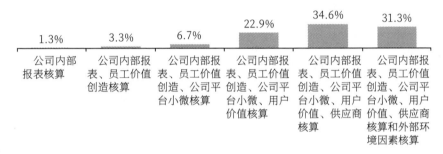

图 4-36　财务管理新模式核算可以达到的最大范围

注：多选题，故总和不为 100%。

在对数字化时代的财务管理职能的调研中，44.2% 的受访者（财务人员）认为通过向利益相关者输出财务服务，助力其进行更高效的价值创造和核算，进而实现和企业自身财务核算系统的高效对接是数字化时代的财务管理职能的关键；此外，财务核算可以支撑企业的跨界前景预判、跨界业务核算、跨界价值挖掘等跨界尝试与在设置核算账户时要覆盖到员工、部门、企业、上下游等多价值主体也是比较关键的职能，分别占比 25.4% 和 15.4%，而财务管理体系的重心，要从价值核算向价值创造转换这一财务管理职能最不关键，占比 15.0%（见图 4-37）。

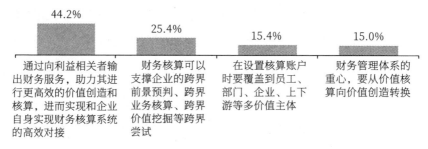

图 4-37　数字化时代的财务管理的关键职能

54.6% 的受访者（财务人员）认为会采用财务管理新模式，并根据公司情况进行调整；27.5% 的受访者表示愿意购买，直接应用即可；应用良好后对外输出财务软件的占比 12.9%，而选择自己开发的受访者较少，占比 4.6%，认为噱头，无须关注的受访者最少，仅占比 0.4%（见图 4-38）。

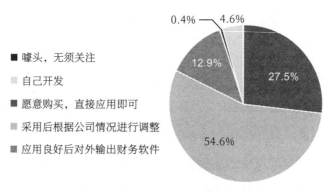

图 4-38　对财务管理新模式的态度

通过对各种新功能的关联进行重组并分析调研结果，我们构建了共生逻辑下的财务管理新认知框架。

首先，在调研过程中我们发现顾客价值是需要重视的核心，因此我们将"顾客价值"作为财务管理新认知框架的内核；其次，没有核算就没有管理，我们将财务核算范围进行"由内而外"的边界拓展，这个维度既要包含企业内部的员工、部门、企业整体，又要包含外部的上下游等，我们赋予其一个新的表达方式，即"核算到多维"；再次，跨界生存已成为数字化生存的重要方式，因此在财务管理新模式中也需要呈现出对于跨界的辅助，因此我们需要财务管理新模式中能呈现出核算体系之间的连接，并且这种连接要做到"跨界"，即实现"连接到跨界"；最后，激活个体是数字化时代创造力的源泉，员工是企业最大的资产，企业需要运用财务管理新模式对员工的工作成果进行及时记录和激励，因此要实现"赋能到个人"的新功能。

财务管理的最终的目标是更高效地帮助企业进行顾客价值创造。企业可以借助数字技术的优势，为整个共生体系寻求和创造新的增长空间，实现共生体系内的价值增值，以及与体系外的高效价值传递。事前算赢以顾客价值增值为落脚点，通过核算到多维、连接到跨界、赋能到个人的转变实现顾客的价值传递，进而最终呈现出数字化时代由企业端到顾客端的"端到端"价值传递新框架（见图4-39）。

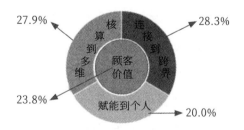

图4-39　数字化时代财务管理核心——"端到端"价值传递新框架

资料来源：朱丽，王甜，吴梦玮，曾昊.数字化生存与管理价值重构（二）共生增值表：数字化时代第四张报表[J].企业管理，2020(7):103-105.

4.3.4　第四张报表："共生增值表"

前文中图 4-28 中的结果显示，累计共有 54.2% 的受访者认为，三大报表的解析者、第四张报表的创造者以及内外部共生主体信息资产的解析者是对数字化时代下财务管理最贴切的表述。这意味着有过半数的财务人员认为，需要在现有的基础上增加新的财务相关信息，这种信息需要包含内外部共生主体的信息，而只有第四张报表的创造者才能满足财务人员的这种需求。由此可见，第四张报表承担了数字化时代新财务管理模式继往开来的重要时代责任。对应图 4-39 "端到端"价值传递新框架，我们开始对第四张报表进行初步的探索和构建。

管理会计创新是数字化时代组织创新的保障。海尔在数字化转型的背景下，提出了改造损益表、全面收益表、共生增值表等新概念。我们在调研中曾向受访者抛出这样一个问题：有人认为海尔转型的核心是财务的引领，也即支撑"人单合一"的底层创新——财务管理的创新。您认为对海尔的财务管理平台需要达到何种程度的理解，才能帮助您更好地胜任数字化时代的财务管理工作？最终的调研结果显示，近 95% 的受访者认为财务管理人员应该对海尔的财务管理平台有较为深入的了解。基于对开篇推理和调研反馈的综合分析，我们将第四张报表的主要创新突破口定位于管理会计。

数字化时代下企业转型与财务相关的底层根基是顾客价值增值的时时呈现。将各主体对顾客价值的创造时时反映和呈现在账户中，实现财务管理体系与顾客价值增值对接，是广大财务人员最关心的问题。进一步地，关于"财务直接反映顾客价值的程度"的调研，57.5% 的财务人员认为优秀企业现在可以做到。认为通过简单学习，自己企业也可以做到的占比 23.3%。认为或许可以尝试做到的占比 15.4%。认为"现在绝对不能做到"的仅占 1.3%。自此，顾客价值的增值呈现，有 98.7% 的财务人员认为是可行的。由此可见，数字化时代优秀企业的界定标准也呈现出了改变，即财务直接反映顾客价值已经成为优秀企业的衡量标准之一。

"共生增值表"——第四张报表提出。"共生"是指在数字化时代，组织因应挑战而需进化为共生型组织⊖；"增值"是指时刻围绕顾客价值增值为核心诉求；"前：管理会计"是指财务管理创新的核心是管理会计，管理会计作为创新的先锋，需要通过与内外部系统之间的连接能力而实现业务的事前算赢，整体上激活组织；"后：财务会计"是指财务会计承担原有的财务三大报表核算的任务，实现会计报告的精准呈现，具体包含及时、精准、真实、可靠等特征；"上：战略融合"是指在外部的战略上进行思考，将战略融入企业考核指标，以此支撑企业与利益相关者形成一个共生空间。其中共生空间的探寻需要企业具有超越单独个体的企业管理理念，在本行业或是跨行业范围内探索出，企业与其他主体共存的新可能性（如平台、集团、联盟、集群等）；"下：核算个体"是指在内部进行员工个体贡献于顾客价值增值的时时呈现，实现员工和顾客的"端到端"价值创造及时衡量，以实现对于员工的及时激励和高效激活（见图 4-40）。

综上，"共生增值表"的提出顺应了数字化时代的新要求，是对财务管理高效运用数字化的一种可能性探索。企业因为创造顾客价值而存

⊖ 陈春花，赵海然. 共生：未来企业组织进化的路径 [M]. 北京：中信出版集团，2018.

在，在"万物互联"时代依然如此。因此紧紧围绕顾客价值增值，战略上探索共生空间，将成为第四张报表回归企业生存本质以及适应数字化时代特征的核心归宿。

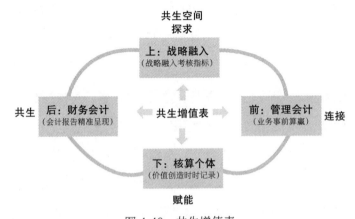

图 4-40 共生增值表

资料来源：朱丽，王甜，吴梦玮，曾昊. 数字化生存与管理价值重构（二）共生增值表：数字化时代第四张报表 [J]. 企业管理，2020(7):103-105.

4.4 新财务管理模式应用初探

4.4.1 财务进入 4.0 阶段

技术进步推动产业革命，产业革命催生管理革命。新一代数字技术革命，让"数据"成为除了人力、资本、技术之外的新"生产要素"，对数据要素价值的挖掘和使用，重新定义了产业进行价值创造的方式——从工业时代的线性价值链向数字化时代的交互价值网不断演化。工业时代，卖方市场，价值链是线性单向的，研发生产和采购销售多是基于供给端的判断，打新失败、库存积压的情况非常普遍；数字化时代，消费端的数据被实时获取，根据市场销售情况，可以反向指导供应链进销存和工厂生产，并根据消费者的画像和偏好，洞察消费趋势，实现按需研发、以销定产，更高效地匹配生产要素，在数据驱动下实现高效的资源整合。完全按需提供定制化的产品和服务将成为所有行业的标准。利用数据重组其他生产要素成为企业新的核心竞争力——数字技术的应用，突破了工业时代大规模机器生产的效率天花板，让"多对多协同""大规模私人定制"成为可能。

数字化时代，上半场的消费互联网，改变了人们的生活消费方式，下半场的产业互联网，则会改变产业链"研—产—供—销，人、财、物"各个环节的组织方式和互动方式。数字化时代，所有的产业都值得重做一遍。

面对数字化时代从消费互联到产业互联的渗透发展，企业的边界被突破，产业价值链在重构，而企业在数字化时代的决胜战略也在发生变化——从工业时代的"规模经济"，到消费互联网的"平台经济"，再到产业互联网时代全新的"生态经济"模式。一个企业只有充分洞察外部生态的变化，把握市场的需求，连接更多的利益相关者，"共创""共赢"，才能实现持续成长。

同时，数字化时代也意味着要应对千人千面、快速迭代、无限极致的用户需求，企业必须足够灵活。而判断一个企业是否具有互联网基因的关键正是在于看它能否变得轻盈敏捷，能否快速响应用户需求，高效组织资源、实现交付。众多互联网公司已经开始实行"中台"架构，包括阿里的数据中台、腾讯的技术中台、美团的用户中台等。将企业长期建设的资源和能力统一为中台，为前台提供强大的专业服务，从而赋能前台更加敏捷地服务用户和市场。产业互联网时代,企业的管理模式也在变革,前中后台将成为新型组织架构,前台主战,中后台主建,前台有一线的决策权,权责对等,责任承担和利益分配也在前台完成;中后台的核心是共享,将具有共性的业务提炼出来,沉淀为中间件,由前台根据需要进行调配,减少重复建设,提升资源的利用率,最大化匹配企业的"生态战略"发展。

4.4.2 海尔的"共赢增值表"

环境不停改变,竞争优势随时会被取代。一家有好战略的公司,不如一家有好战略思维的公司。从早期强调以速度和效率为核心的市场链机制和日清日高手法,到追求"东方亮了再亮西方",兼顾精一和多元化的双融战略,不断呼应动态竞争所强调的乘时造势,海尔从一家以价格竞争为主轴的本土电器企业,转型为一家以用户价值为核心的全球品牌企业,为中国企业的全球化和品牌化提供了一个最佳典范。

海尔认为,管理没有任何秘诀,核心就是扩大并平衡企业、用户与员工三者的利益,建立利益共同体。

今天物联网、大数据、人工智能的应用,打通了产业和场景的连接,打开了商业生态圈的时代,原本线性的价值链围绕客户发生网状耦合,"在消费者与消费者、消费者与企业、企业与企业之间,形成价值共创的联合体,构成了共生、互生、再生的生态圈"⊖。生态圈的关键在于在战略层面探索企业如何撬动外部的、自身不具备的资源来建立优

⊖ 黑龙江日报. 解读海尔"人单合一"共创共赢管理模式 [EB/OL]. [2018-07-23]. http://www.hljnews.cn/article/261/74721.html.

势。而生态战略的实现，需要生态组织作支撑。2005 年，海尔就开始进行"人单合一"管理模式的探索，将员工从雇用者的身份，转化为创业者和合伙人，以用户为导向进行零距离融合。海尔主动寻求变革，从科层制演化为网络组织，将企业对员工付薪转变为用户为员工付薪，将传统工厂转变为互联工厂，打破了组织的垂直边界、水平边界和外部边界，形成无边界、自进化的生态组织。

海尔用 8 年时间（2005～2012 年），颠覆了传统的组织结构，从传统的筒仓型"正三角"组织转变为"倒三角"组织，再变革为"网状平台型"组织。此外，整个集团拥有 2000 多个自主经营体，同时具有覆盖每个自主经营体的核算机制。㊀从 2013 年开始，海尔进入了网络化时代和共创共赢生态圈时代，将"人单合一"的管理模式纵向推进，在战略、组织、员工、用户、薪酬和管理六个方面进行颠覆性探索，通过打造动态循环体系来加速海尔的互联网转型。㊁

"人"：变革的核心就是变革人和发展人，挖掘员工的活力和潜力，让他们从传统的被动执行变为自我管理和自我创业，成为自己的 CEO。

"单"：用户价值。衡量"单"质量高低的唯一标准就是用户价值的大小。

"合"：消除距离。全球创客的价值实现与所创造的用户价值合一。

海尔"人单合一"模式的根本，在于充分发挥"人"的作用。产业互联网时代，当信息充分打通，数据实现共享，智能技术最大化替代标准的重复工作，人的价值和个性将有机会充分展现。工业时代的管理模

㊀ 赵升升，范英杰. 海尔"人单合一"模式的财务绩效分析 [J]. 商业会计，2018：36-39.
㊁ 杨倩. 格力电器财务报表分析 [D]. 成都：电子科技大学.2016.

式，是让人像机器一样进行流水线工作，管理目标是实现企业绩效最大化。而数字化时代的管理模式，是让人重新回归为人，充分发挥每个人的个性，找到各自适合的位置，充分发挥个人所长，在喜欢的领域从事工作，服务匹配的客户，从而实现员工和用户的共赢。当员工和用户的价值最大化时，企业作为平台的价值也一并实现了提升，最终达成三方共赢的局面。

在工业时代，企业价值、用户价值、员工价值，看似是零和博弈，但到了数字化时代，"人"的价值最大化成为产业互联网可持续发展的根本动因，此处的人既包括用户，也包括员工，最终使得生态圈内的所有组织个体都能在这个过程中协同发展——利益的获取，不再是"分一个蛋糕，你多我就少"，而是"共同把蛋糕做大，大家共享新增价值"。而这一切的根本就在于在数据共享的前提下，实现了资源的最优配置：将合适的员工和用户匹配，将员工的意愿和能力匹配。员工有了决策权，用户的需求就能得到精准的识别和理解，也就减少了不必要的投入和浪费，这意味着用最短的路径，实现了用户的价值，而员工的价值同样也得到了实现。

"人单合一"模式下，员工和用户，都是"人"的不同角色，如A企业的员工可以是B企业的用户，B企业的员工也可以是C企业的用户。人在社会中生存发展，就是一个不断和外界进行价值交换的过程，而让一个人充分发挥自己才能，创造价值，并交换其他人创造的价值，也是整个商业和整个社会和谐发展的基础。

"人单合一"模式揭示了产业互联网时代生态经济的本质：整个产业链就像一个生态系统，产业链上中下游各个环节就像生态系统中的生物体，大家各司其职，营造了一个自循环、共同繁荣的生态系统，而生态系统繁荣的前提，一定是每个生物体都不可或缺，并实现了其生态价值。

"人单合一"模式，将"用户"和"员工"两项数字化时代最重要的企业资产作为企业管理的核心，以这种管理模式为基础，进行管理工具的探索，这也许会给数字化时代的财务管理提供新的视角和思路。

数字化时代财务管理模式的探索——"人单合一"下的"共赢增值表"

"共赢增值表"，是海尔"人单合一"模式下的战略承接和驱动工具，核心就是为了实现对利益相关者的价值衡量。共赢增值表，顾名思义，重点呈现的是"共赢"和"增值"。共赢增值表首要关注的是用户资源，其次是参与生态平台持续迭代的各利益相关者，再次是平台上各方的增值分享，之后才是海尔平台自身的收入成本，通过生态收入和生态价值，产生边际效益、边际利润（见图4-41）。

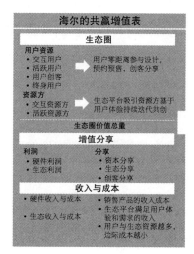

图 4-41　海尔案例

传统的损益表，是封闭的企业视角、进行各项商业决策的动因，也是企业出发点，而非行业生态出发点。具体来看，对于以海尔为代表的制造业，销售收入是由销量和价格决定的，在确定销售价格时，传统企业采取的方法一般是对标行业竞品价格，确定自身产品的价格区间，即企业考虑的要素是"定什么价格可以把产品卖出去"，而不是"用户感知到的价值是什么"。很多时候实施低价策略也是为了暂时抢占市场份额、挤压竞争对手空间，而不是考虑产品本身的定位和对用户体验的影响。而为了提升产品销量，传统企业往往会采取经销商压货式营销，通过压货实现企业自身销售收入的增长，却把仓储成本和资金成本抛给了合作伙伴，以牺牲合作伙伴的利益，来实现企业自身价值的提升。

和企业收入相关的，还有各项营销策略和营销费用。为了激励经销商、提振渠道销售，企业会制定各项返利和渠道费用策略，这些策略短期内可以刺激企业销售收入的上升，但从长期来看，是否真的创造了客户价值、塑造了品牌形象，还是仅仅实现了一次性的货品倾销，都需要认真审查。在成本端，各项原材料零配件的采购，都是分割的而非联动的。供应商不参与产品设计，因此零配件的参数匹配相对被动，库存管理一般是滞后的。而生产制造过程由工厂按照生产规划进行分配，由于生产周期限制，生产计划和销售计划不一定匹配，也会出现库存超期和存货跌价等管理难点。最终，制造型企业实现的利润是各类产品销售利润之和，扣除压货促销、库存超期、多级分销等各类信息不透明所带来的成本费用，以及不可见的，对企业品牌、客户价值的长期潜在影响。

而共赢增值表，首先考虑的是用户资源和利益相关者资源。通过对消费数据的分析，企业可以对用户群体进行细分，从而确定不同级别、不同需求重点的用户。例如从活跃程度角度，用户可以分为交互用户、活跃用户、用户创客、终身用户。对于重度用户，企业掌握了更为全面的用户画像、消费习惯、行为偏好等，可以围绕他们进行全生命周期的产品定制和精准营销，深度挖掘用户需求，请用户间接或直接参与产品设计，快速迭代，实现产品创新。除了用户，企业也需要考虑各个利益相关者，包括核心渠道商、核心零售平台、核心供应商等。各方基于用户体验，可进行持续迭代创新，从而为用户提供端到端的产品和服务；各个利益相关者在参与过程中可更精准地获取数据，从而更充分地发挥各自的价值。共赢增值表的出发点，首先就是用户和利益相关者，目的是实现生态圈价值总量的"增值"。

在实现了生态圈整体的"增值"后，下一步就是对于增值的分享。从用户和利益相关者角度出发，生态圈的利润。就不再是产品销售的硬件利润，还包括圈内的各项生态利润。对于这些额外创造的利润，则可以根据投入情况，在资本方、生态圈参与方、创客（用户）之间进行分享。增值分享后，是企业自身的收入与成本核算。企业的收入与成本，除了传统的硬件收入与成本，还包括分享的生态收入与成本。企业作为生态平台，用户和生态资源越多，企业平台的生态边际成本越小，生态利润则越高。

在"人单合一"模式下，企业平台连接了企业内外部的各个利益相关者，而实际执行各项业务项目的，则是企业内部的各个小微组织，各个小微主是小微的 CEO，充分调动小微的主观能动性和企业平台的资源能力，和创客、其他利益相关者共同合作，实现生态圈整体的价值增值。小微作为自主经营单元，重构了企业的传统损益表，例如销售的量价确定,由企划小微、销售小微、市场小微共同确定,各个小微考虑问题的出发点,是策略能否切实提升生态圈的整体价值。利润表中的销售收入,是各个销售小微和市场销售经营的结果,是进行了增值分享后实现的企业产品收入和生态收入之和。企业的成本和费用,也是研发小微、生产小微、供应链小微等基于其面对的利益相关方,进行整体生态价值提升后所发生的成本费用。企业损益表中的剩余利润,由于是各个小微自主经营的结果,在一部分留用为企业发展基金或留存收益后,其余部分可作为小微的分享利润,向小微进行分配。

因此,经过"共赢增值表"的运作,传统损益表中的各个项目,重构为由各个小微构成的损益表,收入、成本、费用的驱动因素不再相同,从而最终实现了企业商业模式和管理模式的转变。

共赢增值表颠覆了传统损益表,变过去的以企业为中心为现在的以用户为中心,驱动由封闭到开放的,有用户和资源方参与的模式。它将自上而下的管控变为从用户到用户的循环生态模式,将事后算账的项目制颠覆为各利益相关者参与增值分享,令海尔集团从一个传统的科层式制造企业转型为开放式创业平台。⊖

数字化时代新型财务管理模式——"第四张报表"的提出⊜

基于海尔案例的启发,为了弥补传统"三表一注"在数字化时代的不足和缺陷,第四张报表"共生增值表"应运而生。第四张报表以企业为生态圈创造的价值增值为起点,将管理颗粒度分解到小微和员工个体

⊖ 本段摘自百度百科"人单合一"词条。
⊜ 吴梦玮,朱丽,曾昊. 数字化生存与管理价值重构(四)共生增值表的实践路径 [J]. 企业管理,2020(9):100-103.

层面，通过全面实时预算管理、OKRE、对赌机制的设计，以终为始，自下而上，为小微和员工赋能，实现整个企业生态的共生增值。第四张报表"共生增值表"实际上不只是一张报表，而是一套报表，在原有财务会计"三表一注"的基础上，以管理会计为枢纽，进行内外结合、预实结合的实时动态展现，承接企业战略，全面衡量用户、员工和其他利益相关者的价值，是覆盖企业价值创造、衡量、评价、分配全流程的管理工具。

数字化和信息化的本质区别之一，在于信息化反映结果，数字化追究动因。"共生增值表"作为企业在数字化时代的新型管理工具，突破了传统财务报表的视角，在管理工具层面实现了从"事后反映结果"到"动态反馈动因"的跨越。在传统财务管理模式下，"财务报表"反映的是财务口径的经营结果，"经营报表"反映的是业务口径的经营情况，两者之间存在流程上的先后和因果关系。在新型财务管理模式下，"共生增值表"从企业内外部长期共生的价值层面进行战略制定，从企业小微和员工价值角度进行资源匹配，以企业为赋能平台充分激活员工个体，进一步对"经营报表"的驱动、预测、考核、评价进行拆解。"共生增值表"和"经营报表"之间也是互为因果的关系。共生增值表的蓝图构成和运作机制见图 4-42。

"共生"——用"生态"重新定义报表。共生包括两个层面，一是生态圈的共生——用户与用户、用户与企业、企业与企业、企业与员工之间，形成利益共创的共同体，构成共生、互生、再生的生态圈；二是生态组织的共生——企业由科层制向平台制转化，小微作为自主经营单元，成为企业网络的构成要件，直接连接员工、用户和合作伙伴，企业付薪转化为用户付薪，企业成为无边界、自驱动的生态组织。

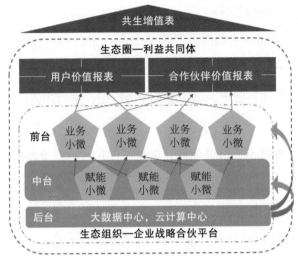

图 4-42 共生增值表

"长期价值"——内外结合,虚实结合。长期价值评估依赖更为全面的大数据集市:财务、业务、内部、外部数据在数据集市全面汇集,一方面实现了数据口径的统一,另一方面提供了多维度的价值评估要素,不仅关注过去,更关注未来的变化。长期价值评估基于智能化、云计算的实时共享:数据驱动,支持精准评估、及时纠偏、可靠预测,通过预实结合,实现自主经营单元的"自驱动、透明管理"和员工个体的"人人绩效",有助于实现实时、高效、灵活的智能运营和决策。

"底层逻辑转换"——事前算赢,业绩对赌。第四张报表"共生增值表"的架构体系和传统"三表一注"存在底层逻辑的不同,具体包括:①报表编制主体不同,共生增值表的编制主体包括多方,既有生态圈中的用户、合作伙伴、企业生态利益相关者,也有生态组织内的自主经营单元(小微)、员工个体;②报表编制目的不同,共生增值表注重"价值增值"的衡量,即注重未来价值,而非历史价值的核算;③报表编制方法和编制逻辑不同，共生增值表面向未来，以全面实时滚动预算为工具基础，以事前算赢、业绩对赌为管理基础，从而让共生增值表真正成为一项贯穿企业计划预算执行考核的管理工具（见表 4-2）。

表 4-2 传统财务报表与共生增值表对比

	传统财务报表	共生增值表
编制主体	企业法人、企业集团	• 生态圈：用户、合作伙伴、企业生态利益相关者 • 生态组织：自主经营单元（小微）、员工个体
编制目的	核算历史价值	注重未来价值
编制单位	货币单位	货币单位 + 非货币单位
关注重点	历史形成的表内资产	未来可期的全部资产
损益定义	会计利润高低	各利益相关方增值大小
编制方法	会计期间（年度/季度/月度等）	全面实时滚动预算
编制逻辑	事后算账，权责发生	事前算赢，业绩对赌

4.4.3 零售业第四张报表应用探析

过去 10 年是消费互联网的黄金时代，智能手机、移动网络等的出现和普及，极大地便利了人们生活的方方面面，不断重塑终端消费格局。从交易额屡创新高的电商购物节，到拼多多的三年上市、社交电商的不断崛起，再到盒马鲜生、超级物种等新零售样本的纷至沓来，渠道似乎无处不在，而流量却越来越难以捕捉。同时，网红营销、意见领袖正在取代传统主流媒体，公众号、抖音、直播平台等成为新的品牌营销和客户转化的阵地，而线下入口则变成体验和服务的重点。

伴随着产业互联网的崛起，新零售有了更具时代特色的定义——新零售的本质，是对传统商业进行数据化升级改造——未来的商业，应该是品牌方通过线上线下等各种渠道和消费者互动，为消费者提供随时随地随场景而变的产品、服务和体验。

传统零售的核心问题是不知道客户在哪里，以及商品卖给了谁；数字化零售的本质，是借助数字技术，将产品和服务从企业到达消费者的全过程数字化，并将客户的消费相关数据反馈给企业，通过数据洞察，更深入地挖掘客户需求、指导产品研发，进行更精准的营销活动，提供更到位的消费体验，从而提升客户获取率、转化率、留存率、复购率。数字化零售，让企业知道客户是谁、在哪、他们的消费习惯和偏好如何，通过"以客户为中心"，重塑"人、货、场"的关系，让消费者"随时随地随场景，体验和购买自己喜欢的产品和服务"，真正消除企业和消费者之间的隔阂，从而提升企业的效率和效益（见图4-43）。

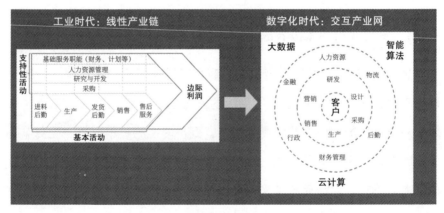

图 4-43　工业时代向数字化时代转换

零售业第四张报表的设计思路

伴随着消费互联网的发展，围绕消费者，企业逐渐建立起完整的渠道通路网络——既包括线下的直营和加盟的零售门店、各级分销代理商，也包括线上依托各大电商平台的旗舰店和线上分销网络。线上线下的渠道通路在多年发展后实现了融合，在品类组合、价格营销等方面实现了体系化的布局管理。

建立起全面的渠道通路网络体系后，企业可以尝试建立消费者数据库，对每次销售记录背后的消费者画像和行为偏好、通路特性等进行采集和归纳，从而掌握消费背后的动因。全渠道的信息化建设使得数字世界和物理世界的孪生和映射得以实现。

当企业获取了全渠道的数据信息，将全网的销售情况、订单情况、库存情况、配送情况、会员情况进行整合，则可以形成企业整体的大数据中心和业务中心，也就是企业中台。基于企业中台的数据进行数字化建设，对数据资产进行加工，可以深入挖掘数据价值，指导企业的预测和决策，包括对品类、价格、促销、返利、库存等进行规划，对人员、团队、目标、绩效等进行管理，为对客户进行深入分析、探讨实现研产供销一体化协同问题提供数据驱动的解决思路，实现对经营管理活动的反哺，从而实现"数字共生"（见图 4-44）。

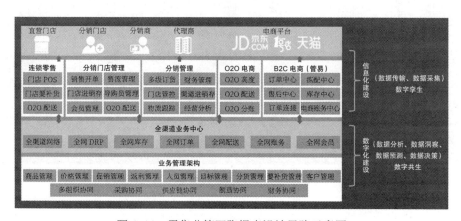

图 4-44　零售业第四张报表设计思路示意图

零售业第四张报表的落地方法

对于第四张报表中企业平台、小微、员工的关系,以及第四张报表的运行原理,我们会在农牧业案例中进行详细阐述,零售业第四张报表的规划也是同理。业务中台作为企业平台,通过深入洞察消费者需求和市场趋势变化,制定企业整体的战略规划;各个渠道和终端是小微,借助数字技术和大数据,充分发挥小微团队的主观能动性,通过"人机结合"的方式,服务好各个渠道覆盖的用户,实现认领的战略目标,并进行业绩对赌。

下面则以小微主——线下零售门店店长的视角举例说明,第四张报表在实际执行中,如何通过"人机结合""数据看板"的方式赋能店长的业务经营,以提供初步探讨(见图4-45)。

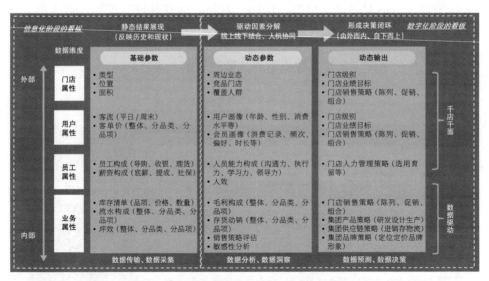

图4-45 零售业第四张报表落地实施示意图

"信息化阶段"的看板。信息化时代,零售门店店长可以获取的数据，按照从外部到内部的数据维度，主要包括以下方面。

门店属性：门店的类型、位置、面积等基本信息。

用户属性：门店的客流、客单价情况，可以细化到平日、周末、节假日的客流情况，整体、分品类、分品项的客单价情况等。

员工属性：门店的员工构成（导购、收银、理货等），以及各类员工的薪资构成（底薪、提成、社保等）。

业务属性：门店的库存清单，门店坪效、流水构成等经营信息。

上述数据可以反映门店经营的历史和现状，是静态结果的展现。但由于数据没有打通，门店店长无法获取全局的数据信息，数据出现同比、环比变化的原因也无法实现拆解和追溯，更多是门店店长根据实际经营经验的主观判断。要对门店经营业绩进行改善，门店店长采取的举措也多依赖于主观经验，无法实现数据驱动。

"数字化阶段"的看板。进入数字化时代，当全渠道的业务数据汇总到企业的业务中台，店长也可以将自己观察到的其他相关信息录入系统中，形成更加完整、客观的数据中心，经过加工处理的数据会实时反馈到门店店长的经营看板，更加动态地指导店长的门店经营和业绩改善，形成数据驱动的决策闭环。

具体来讲，对于可以获取和采集的数据信息，除了信息化阶段的基础参数外，全渠道数据来源可以提供更多的动态参数，比如以下信息。

门店属性：提供关于门店周边业态、竞品门店变化和覆盖人群的更加详细的信息，从而进行更加精准和个性化的门店定位。传统的线下零售门店根据门店位置的不同可分为商场店、街铺、工厂店等，根据位置热度可进一步细分为 A 类、B 类、C 类店等。而在数字化时代，同样级别的商场店,由于商场业态布局、周边社区构成、竞品门店的不同等,都会有不同的定位。例如位于金融商圈和科技园区的商场门店,所服务的客群在消费水平、消费偏好等方面都有很大不同,这也会在很大程度上影响门店的定位、选品逻辑、门店布局、促销策略等。

用户属性:除了客流、客单价等用户交易数据,数字化时代,用户的行为数据可以被更加全面地捕捉。用户在门店消费时,门店通过引导他们关注品牌微信公众号、领取会员账户、微信支付等,可以获取更加全面的用户画像,建立会员档案,对用户的年龄、性别、消费记录、消费频次、消费偏好等进行记录,从而可以进行会员全生命周期的管理,真正建立对用户个性化需求的获取通道。

员工属性:数字化时代,线下门店是用户消费体验的关键点,也是门店员工发挥主观能动性的关键点。要想充分应对客户个性化的多元需求,就需要充分发掘门店员工的多元化能力矩阵,让合适的人做合适的事情,让对的人服务对的用户。数字化时代,在第四张报表的指导思想下,门店店长是小微主,门店店长基于门店战略目标,选择适合门店客群的员工加入,同时也需要对员工的全面能力进行评估,包括沟通表达能力、执行力、学习力、领导力等,从而实现员工这项人力资产的资源优化配置。每个员工也有自己的第四张报表,对认领的战略目标进行对赌,门店据此进行人效评估,可以更加有效地激励员工。

业务属性:对于门店经营,坪效等核心指标是重要的,但并不是全面的。评估一个门店的经营情况和发展潜力,需要综合考虑毛利、净利、周转水平等指标,并深入挖掘数字变化背后的原因,才能指导业绩改善。当打通了门店、供应链等数据,门店店长可以快速掌握门店整体的、分品类、分品项的毛利和动销情况。例如哪些品项周转快但利润低，是引流爆品；哪些品项周转慢但利润高，是贡献利润的产品；哪些品项滞销；哪些品项用户转化率低等，门店店长可以进行更加全面透彻的分解和分析。在收集了门店、用户、员工属性等更加多维的数据信息，门店店长可以对经营数据进行敏感性分析，判断哪些内外部环境要素的变化会影响到门店的经营成果，从而做出各项经营决策。

在多维的数据获取、全局的数据共享后，基于动态参数的输入，门店店长的看板，可以实现动态的输出，借助企业业务中台的数据建模和数据分析，提供给门店店长各项经营解决方案，门店店长再结合门店的实际情况，进行方案的选择和调整，从而快速应对门店的变化，不断为门店用户创造价值。具体而言，在目标制定方面应该结合门店属性和用户属性的基础参数和动态参数，确定门店更加细化的级别，并据此制定符合门店实际的业绩目标。

策略匹配：结合门店用户的特性，门店可以制定更符合用户需求的销售策略，包括门店的店面陈列、促销策略、品类组合等，保证门店的形象风格和动线设计符合门店客群的核心需求，提供舒畅舒适的消费体验，实现"千店千面"。同时，门店店长可以制定符合门店要求的人力资源管理策略，包括店员的选、育、用、评、留，找到适合的人力资产，更加全面地评估人力资产，让人力资产发挥出更多、更大的价值。对于企业平台的产品策略，可以基于企业中台的销售数据、会员消费趋势进行分析，从而更全面地指导研发部门进行产品定制开发，实现"消费者需要什么，就生产什么"，而不是"生产了什么，就卖什么"。供应链管理策略上，根据各个终端的动销数据，企业平台可以更加精准地指导工厂生产和供应链配货，从而实现尽量低的库存水平和尽量高的周转效率。在企业平台的品牌策略下，在数字技术的支撑下，对于终端消费数据和消费者心理的把握可以更加全面，采用的营销手法可以更加具有针对性，并可以通过微信公众号推动、会员专享服务、直播互动、门店现场导购互动等方式，围绕消费者进行"千人千面"的营销。

门店店长作为小微主，能够进行客观的资源评估并进行战略目标认领的前提是需要有对应的数据基础支撑。数字化时代，企业采集的各项数据资产，是企业进行"第四张报表"管理的基础；而第四张报表的使用最大程度调用了数据资产，并且依靠企业平台的底层支持，实时滚动，支持小微主对战略目标的预实差异进行调整，为小微主的业务决策提供依据。

从传统零售步入数字零售，最大的变化是对"人"的激活，在企业管理中，应该充分利用数据赋能个体，实现动态决策，快速迭代，应对市场变化。以门店店长为例，传统零售的门店店长是以"货"为核心的视角，关注门店流水、坪效、人效、毛利、EBITDA（税息折旧及摊销前利润）、净利、现金流、回收期等经营指标。而数字化零售的门店店长是以"人"为核心的视角，通过进行全面的市场定位和深入的用户研究，反向指导产品功能设计和门店运营方案，并在整个过程中和用户持续迭代交互。用数字化手段武装的门店店长，本身就是门店这个渠道终端在数字化时代的产品经理和运营经理，而第四张报表，本质上在管理工具层面实现了从"事后反映结果"到"动态反馈动因"的跨越，当门店店长掌握了以"人"为核心的各项数据时，数字化零售的门店财务指标结果的形成，也就水到渠成了（见图4-46）。

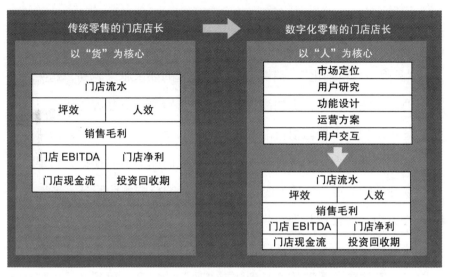

图 4-46　零售业第四张报表应用模拟示意图

4.4.4　农牧业第四张报表应用探析

"第四张报表"是基于对数字化时代领先企业管理实践的探索发现的新型管理工具。目前行业价值链正在重构、产业互联网正在构建,对于第四张报表的价值和意义,我们也在持续探索。以农牧养殖行业为例,我们对第四张报表的落地应用进行了初步的构想和设计。

数字化时代农牧业产业的变化

农牧业是个古老的行业,也是个年轻的行业。农牧业从传统的散户模式向现代化集团产业模式转变,不过是最近三四十年的事情。数字化时代,农牧业的供给端和需求端也在持续发生变化。

"一体化、生态化":单纯的饲料企业、饲养、屠宰和加工企业,将逐步被"饲料、养殖、加工、零售一体化经营"的大型企业取代,集团化、规模化将大幅度削减产业转换成本，产业链整体才是利润主体，而不是各环节。

"品牌化、精细化"：消费者对食品安全的要求越来越高，购买生鲜产品时不仅注重价格，更加注重产品品质与健康；对品牌的认知与信赖度也逐步增加；消费习惯日渐改变，消费的渠道更加多元化，消费方式与互联网深度融合，消费者越来越讲究获取商品渠道的便捷，希望商家提供便捷的购买点、快速的配送服务、及时响应的售后服务，等等。

一方面，农牧业从上游到终端已经成为一体化联动的产业链，标准化和规模化是产业发展的基础；另一方面，居民饮食消费从"吃饱"到"吃好"，从注重"量"的增长到注重"质"的提高，再到多元化饮食需求的满足，已经成为当下和未来的市场发展趋势，围绕消费者需求进行更加精细化的运营管理，通过跨行业资源整合，共建行业生态系统，成为现代农牧业的发展要求（见图 4-47）。

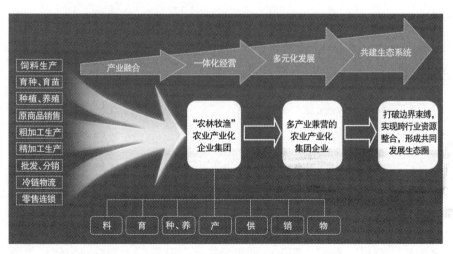

图 4-47　农牧业产业的变化

农牧业第四张报表的设计思路⊖

基于对农牧业行业发展趋势的洞察,"平台 + 小微"成为一种适应数字化时代农牧业发展的创新思路。

平台:标准化和规模化是产业发展的基础,大型产业龙头基于多年积累的领先技术、规模产能、管理标准等,可以作为产业链的链主,打造产业平台。平台一方面连接产业上下游各个利益相关者,打通产业链端到端的信息和数据,实现产业链的整合,并通过整合的数据中心,实时反映和反馈市场和产业的动态,实现业务数据化、数据业务化;另一方面,平台作为资源池,将各项标准化的业务能力提供给小微,充分赋能小微的发展。

小微:当企业成为平台,企业两端连接的农户和消费者,则成为平台的"外部用户",为了更好地服务外部用户,更加敏捷地响应消费者的需求变化和农户的经营变化,企业则可重构为一个个小微组织,每个小微服务一群具有一定共性特征的消费者或农户,直达外部用户,从而更加精准地捕捉用户的需求和痛点,通过调用企业平台的资源能力,快速解决用户问题,实现平台和用户的"共生"和"增值"。

企业平台层面设计。在数据支撑下,充分了解用户需求、合作伙伴(农户、渠道商等)诉求后,企业根据各利益相关者的价值增值诉求,结合企业自身的资源和能力,确定企业的战略目标,也就是企业选择做什么、不做什么、先做什么、后做什么,并将资源能力匹配到能够创造价值的领域,将企业整体的战略方向和生态圈的利益相关者的价值增值

⊖ 吴梦玮,朱丽,曾昊. 数字化生存与管理价值重构(四)共生增值表的实践路径 [J]. 企业管理,2020(9): 100-103.

进行关联和匹配。

在确定企业战略目标后，数字化时代的企业作为一个生态型组织，实质是一个战略合作平台。企业内的各个自主经营单元（小微），在充分评估自身资源能力的基础上，承接企业各个战略目标的分解，对战略目标进行认领，并按照业绩对赌的方式进行考核和分配。业绩对赌的全过程，包括全面预算、实时滚动纠偏、根据对赌结果进行超额分配和差额弥补，整个过程中小微自主决策、自负盈亏、相互协同、取长补短，在市场化的运行机制下，对各个小微的赋能和激活得以实现。

小微层面设计。小微通过客观评估、事前算赢，设定OKRE和业绩指标，企业为其匹配相关的资源和资本，相当于企业给小微提供融资，通过业绩对赌和分期支付的方法对其实现自主考核。若超额完成业绩指标，小微可分享超额利润；若未实现业绩指标，小微要优先保证企业资本的保底收益，收益不足的部分由小微想办法弥补。这样，小微用人力资本为自身"融资"，责权对等，有一线的人、财、物的决策权和支配权，为自己设定的业绩目标负责，产权清晰，自负盈亏，从而最大化调动小微的动力和活力，实现"人力资本"的增值。小微在人才选用上，则是把员工作为"人力资产"来看待：员工通过竞聘上岗的机制，加入小微，小微由于自负盈亏，会充分评估每个员工创造的价值，包括显性价值和隐性价值，不仅看对赌业绩，也看员工和小微团队文化是否匹配、合作是否融洽等，小微和员工之间也是一种市场化的双向选择。

员工层面设计。小微中的员工也可以进一步对小微的战略目标进行认领，并按照业绩对赌机制进行竞聘上岗，在整个战略目标管理和业绩对赌的实现过程中，采用OKRE工具，实现对每个员工个体主动性的调动和激活。小微价值报表和员工价值报表，实质上是小微单元和员工个体的实时管理看板，充分实现"数据为个体服务"。

以综合型肉猪养殖加工企业集团为例，对第四张报表的落地方法进行演示。

企业平台层面落地。站在企业平台角度，生态圈的主要利益相关者包括消费者、农户、渠道商等。消费者的价值需求包括食品安全、健康美味、方便快捷等，为满足消费者需求，龙头企业则需要注重规模养殖和疫病防控，优化育种和科学养殖，缩短渠道和加快周转等。

农户的价值需求包括养殖收益增长、养殖效率提升、养殖风险防控等，为匹配农户需求，龙头企业需要注重提升农户的养殖规模与成本优化，通过技术辅导和信息化建设等方式提升农户的养殖效率，通过产业链的数字化深化改造，对疫病等风险因素进行安全预警，并匹配市场需求变化，更加精准地进行销量预测。

渠道商的价值需求则包括更快的经营周转和更高的经营效益，要和渠道商实现共生共赢，一方面龙头企业需要基于产业链的数字化深化改造，进行更加精准的产量预测和供销配比计算；另一方面龙头企业也应更加注重品牌建设和产品服务，通过直达终端的服务方式，和渠道商共同提升用户的消费体验，实现消费者、农户、渠道商、品牌商的共同增值。

在分析了生态圈各个利益相关者的价值需求后，龙头企业作为平台，应结合自身的战略规划和资源能力，对战略目标进行设定，明确企业围绕战略方向应该开展的业务类型，以及能力建设和资源投入的优先顺序。

小微层面落地。小微作为企业内部的自主经营单元，对企业平台确认的战略目标进行认领——和传统的 KPI 分配模式不同，认领和对赌是数字化时代适应多元化市场需求和个性化员工发展需求的企业内部管理解决思路——小微针对自身的能力储备和发展目标，对企业的战略目标进行认领，认领的过程则是企业内部资源进行市场化匹配的过程。举例如下：

销售小微 A 对某片区的渠道拓展和市场需求有更加深入的理解，则其可以认领对应的战略目标，负责某片区的渠道运营和零售终端搭建，并基于对自身能力和外部环境的评估，进行战略目标的量化评估，确定对赌目标，例如产品覆盖的终端网点数量增长比例、各网点的销售收入增长幅度等，并据此形成该销售小微的经营预测报表，包括收入、成本、费用、平台资源提供等。

生产小微 A 负责养殖户的技术培训和服务管理，并和某片区养殖户形成了较为稳定的合作关系，更了解养殖户的需求，则其可以认领对应的战略目标，负责所覆盖区域养殖户信息化水平的提升，并评估对应的量化指标，确定对赌目标，包括信息化铺设进度、养殖户的投料管理精准度，并据此形成该生产小微的经营预测报表，包括收入、成本、费用、平台资源提供等。

研发小微 A 是企业平台上的赋能小微——销售小微和生产小微是对外自主经营单元，研发小微是对内自主经营单元，通过进行企业平台的能力建设，不断赋能其他的对外自主经营单元（小微）。具体来讲，不断提升养殖技术和管理水平是龙头企业平台的任务，研发小微凭借团队的科研能力，可认领提升育种技术的战略目标，然后确定对赌目标为选育的品种在瘦肉率、饲料转化率等指标上的提升幅度，并量化对应的增收水平、需要投入的研发成本、费用等。

小微对于企业战略目标的认领是自主的，也就是小微经过自身客观评估，并据此进行全面预算后认定一个可以实现的目标。小微认领目标后，则据此进行业绩对赌。在执行目标过程中，实时业绩和全面预算出现较大差异时，小微可以迅速发现并及时定位问题，从而及时进行战略举措的调整。而在对赌到期后，则按照实际业绩进行对赌结算，超过预算目标的部分按照商定的比例进行超额分配，低于预算目标的部分，则进行差额弥补——小微类似于自主创业单元，对自主认领的目标，是自主决策、自负盈亏的。

小微和企业平台的关系，不再是传统企业中部门团队被动接受企业分配 KPI 的关系。小微更类似于创业团队，企业平台类似于创业投资人，小微以自身的"人力资本"向企业平台融资，企业平台为小微提供创业资金和资源等财务资本和实业资本，小微和企业平台按照约定的比例进行投资收益的分配。同时，为兼顾短中长期利益，小微的超额分配和差额弥补也并非即时结算，而是类似于股票期权，进行分期支付，以避免小微为了实现短期对赌目标而损害长期利益，保证长期目标的实现。

员工层面落地。小微对于企业平台是"人力资本"，而员工对于小微则是"人力资产"。"小微主"作为小微的"执行 CEO"，为了实现对赌目标，需要更加全面地评估加入小微团队的员工，对于员工的选、用、育、评、留也会更具有针对性，以确保每一位员工都能够充分发挥其价值，从而协同完成小微的工作目标。员工竞聘上岗后，小微通过

OKRE 将小微认领的战略目标分配给员工，并充分调动员工个体的主动性和积极性。

以销售小微 A 中的员工甲为例，员工甲负责片区内部分渠道网点的经营。为实现小微 A 整体的战略目标，员工甲负责的网点需要实现销售均价和销售量的上涨，他可以支配部分市场费用，用于开拓市场。员工甲也因此有属于自己的全面预算报表，并能据此进行实时的业绩预实分析、及时纠偏，以及进行相应的超额分配和差额弥补（见图 4-48）。

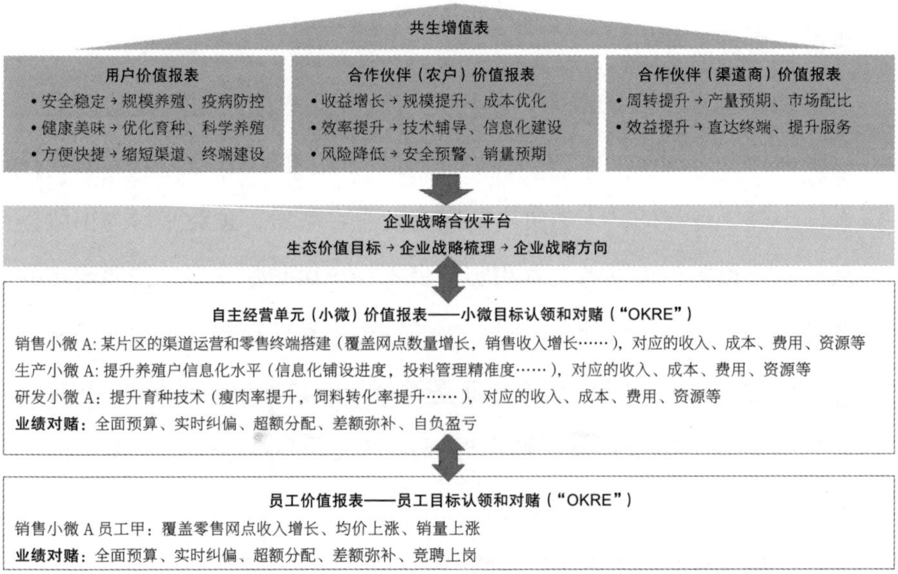

图 4-48　农牧业第四张报表的落地方法示意图

资料来源：吴梦玮，朱丽，曾昊. 数字化生存与管理价值重构（四）共生增值表的实践路径 [J]. 企业管理，2020(9): 100-103.

结语与展望

数字化时代，人工智能等数字技术的发展和应用，会使得95%的基础核算型财务被取代，然而，财务并没有消失——数字化时代的特点是哪里有数据，哪里就有财务。大量的核算型财务，会成长为企业的管理运营型和战略型财务，财务人员的工作重点，不再是核算过去，而是规划未来。财务的组织架构，不再是科层制和部门制的，而是将深入企业的前中后台。中台财务具有更加模块化的共享能力，前台财务则深入每一个小微，编制并管理每个小微对应的价值报表，做小微的CFO。从业务中来，到财务中去，完成每个小微的数据闭环。财务的运营模式，不再是位于流程后端、按照确定的规则进行控制，而是财务作为数据分析官，真正和业务融为一体。

以第四张报表的探索为基础，我们进一步反思数字化时代什么是财务。工业时代，财务部门做财务报表，业务部门做业务报表，各个报表是烟囱式的，数据是割裂的。数字化时代，数据共享和闭环成为释放数据价值的前提。"共生增值表"成为企业整体的战略规划和管理工具，从计划、执行到考核、分配全流程，覆盖企业所在生态圈和企业内部的每个小微和员工。未来的财务，将会是"无人会计，人人财务"。当有了"共生增值表"，再编制单一口径的业务报表和财务报表，在数字技术支持下，实质上应该是"一键生成"的过程（见图4-49）。

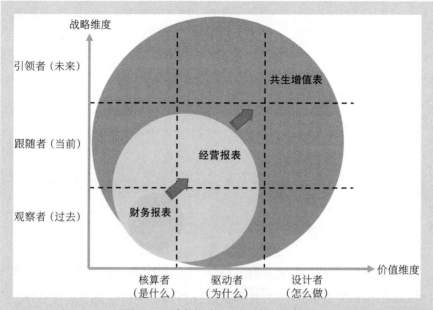

图 4-49 财务报表三阶段演化示意图

数字化时代,数字技术在颠覆商业模式,也在颠覆管理模式。所有的产业都值得重新做一次,所有的管理领域也需要重新思考。数字化时代,在企业数字化的闭环中财务是终点,也是起点。财务应该借助共生增值表的管理工具,从传统财务的"小"财务向数字财务的"大"财务转型,从注重"过去"的观察者转向注重"未来"的引领者,从注重"是什么"的核算者转向注重"怎么做"的设计者,真正实现财务在战略定位和价值创造领域的突破,创造财务管理的崭新世界(见图 4-50)。

	传统财务："小"财务	数字财务："大"财务
战备定位	核算历史的财务	规划未来的财务
组织架构	科层制 + 职能型	前中后台 集约的更集约，分散的更分散
运营模式	流程驱动，命令控制	数据驱动，业财一体
核心职能	财务报表，事后算账	共生增值表，事前算赢

图 4-50　从传统财务的"小"财务到数字财务的"大"财务

参 考 文 献

[1] 斯图尔特·克雷纳.管理百年：珍藏版[M].阎佳,译.北京：中国人民大学出版社,2013.

[2] 陈春花,朱丽,钟皓,刘超,吴梦玮,曾昊.中国企业数字化生存管理实践视角的创新研究[J].管理科学学报,2019,022（10）:1-8.

[3] 花旗集团.Technology at Work v4.0: Navigating the Future of Work[R/OL].（2019-06-13）. https://www.oxfordmartin.ox.ac.uk/publications/technology-at-work-4/.

[4] 世界银行.2019世界发展报告：工作性质的变革[R/OL].（2019-09-30）. https://www.shihang.org/zh/publication/wdr2019.

[5] 经济学人.自动化与AI对工作环境的影响：CEO在塑造未来企业工作环境方面大有可为[R].（2017-11-23）.

[6] 数说今天.领英发布–第一份工作趋势洞察[EB/OL].[2018-09-10]. https://www.sohu.com/a/253045670_100248752.

[7] 陈春花.管理研究与管理实践之弥合[J].管理学报,2017,14（10）:1421-1425.

[8] IDC圈.中国信通院发布《中国数字经济发展与就业白皮书（2019年）》[EB/OL].[2019-04-19]. https://www.sohu.com/a/309109951_210640.

[9] 陈春花,廖建文.数字化时代企业生存之道[J].哈佛商业评论（中文版）,2017（11）:154-158.

[10] 钟皓，陈春花 . 数字化生存与管理价值重构（一）"数字化"穿透顾客价值空间 [J]. 企业管理，2020（06）：102-104.

[11] 陈春花，钟皓 . 数字化转型的关键：构建智能协同工作方式 [J]. 清华管理评论，2020（10）：44-49.

[12] Stewart T A, Woods W. Taking on the last bureaucracy[J]. Fortune, 1996, 133(1): 105-107.

[13] Charan R. It's Time to Split HR[J]. Harvard Business Review, 2014, 92(7): 33-34.

[14] 唐宁玉 . 危机中，重塑人力资源管理角色 [EB/OL].（2020-03-25）. https://mp.weixin.qq.com/s/8zHBJZT5R3kjosAOeBZLsw.

[15] 曾昌良 . 把人力资源打造成企业核心竞争力——评《世界 500 强人力资源总监管理日志》[J]. 企业管理，2018（09）：114-115.

[16] Boudreau J. It's Time to Retool HR, Not Split It[J/OL]. Harvard Business Review Digital Articles, 2014. https://hbr.org/2014/08/its-time-to-retool-hr-not-split-it.

[17] Andrew Reece, Gabriella Kellerman, Alexi Robichaux. Meaning and Purpose at Work[R/OL]. The Journal of Positive Psychology, 2019 . https://www.betterup.com/en-us/resources/reports/meaning-and-purpose-report/.

[18] 陈春花，刘超，尹俊 . 数字化生存与管理价值重构（三）人力资源管理进化路径——基于赋能的共生模型 [J]. 企业管理，2020（08）：102-104.

[19] 陈春花，朱丽 . 协同：数字化时代组织效率的本质 [M]. 北京：机械工业出版社，2019.

[20] 马海刚，彭剑锋，西楠 . HR+ 三支柱：人力资源管理转型升级与实践创新 [M]. 北京：中国人民大学出版社，2017.

[21] 张国顺 . 腾讯 HR 三支柱模式的人力资源管理研究 [D]. 衡阳：南华大学，2018.

[22] 金蝶国际软件集团有限公司 . 远大住工：从 3 千到 5 万人企业的 HR 进阶之

路 [EB/OL].（2018-09-13）http://www.kingdee.com/case/39267.html.

[23] 陈春花，刘超. 数字化生存与管理价值重构（五）平衡个体与组织目标——共生人力资源下的 OKR 探索 [J]. 企业管理，2020（10）：100-102.

[24] 章凯，仝嫦哲. 组织—员工目标融合：内涵、测量与结构探索 [J]. 中国人民大学学报，2020，34（2）：114-124.

[25] 陈春花. 陈春花：为成长而做的财务管理，让企业安度危机 [EB/OL]. [2020-07-29]. https://mp.weixin.qq.com/s/Uqck5iQcs_6usMsLEsxdXQ.

[26] 托马斯·约翰逊，罗伯特·卡普兰. 管理会计兴衰史 [M]. 金马工作室，译. 北京：清华大学出版社，2004.

[27] 财大咖. 贾菁：财务数字化转型，从看见到洞见 [EB/OL]. [2019-10-10]. http://www.360doc.com/content/19/1010/23/31667578_866030976.shtml.

[28] 陈春花. 陈春花：向协同要效率 [EB/OL]. [2019-12-22]. https://www.sohu.com/a/360157481_120047015.

[29] 朱丽，王甜，吴梦玮，曾昊. 数字化生存与管理价值重构（二）共生增值表：数字化时代第四张报表 [J]. 企业管理，2020（7）：103-105.

[30] 吴梦玮，朱丽，曾昊. 数字化生存与管理价值重构（四）共生增值表的实践路径 [J]. 企业管理，2020（9）：100-103.

[31] 百度百科. 财务管理假设 [EB/OL]. [2008-04-02]. http://baike.baidu.com/view/3663574.html.

[32] 陈春花，赵海然. 共生：未来企业组织进化的路径 [M]. 北京：中信出版集团，2018.

[33] 黑龙江日报. 解读海尔"人单合一"共创共赢管理模式 [EB/OL]. [2018-07-23]. http://www.hljnews.cn/article/261/74721.html.

[34] 赵升升，范英杰. 海尔"人单合一"模式的财务绩效分析 [J]. 商业会计，2018：36-39.

[35] 杨倩. 格力电器财务报表分析 [D]. 成都：电子科技大学.2016.

[36] 百度百科. 人单合一 [EB/OL]. [2019-12-22]. http://baike.baidu.com/view/10987413.html.

陈春花管理经典

关于中国企业成长的学问

一、理解管理的必修课		
1.《经营的本质》	978-7-111-54935-2	59.00
2.《管理的常识:让管理发挥绩效的8个基本概念》	978-7-111-54878-2	45.00
3.《回归营销基本层面》	978-7-111-54837-9	45.00
4.《激活个体:互联网时代的组织管理新范式》	978-7-111-54570-5	49.00
5.《中国管理问题10大解析》	978-7-111-54838-6	49.00
二、向卓越企业学习		
6.《领先之道》	978-7-111-54919-2	59.00
7.《高成长企业组织与文化创新》	978-7-111-54871-3	49.00
8.《中国领先企业管理思想研究》	978-7-111-54567-5	59.00
三、构筑增长的基础		
9.《成为价值型企业》	978-7-111-54777-8	45.00
10.《争夺价值链》	978-7-111-54936-9	59.00
11.《超越竞争:微利时代的经营模式》	978-7-111-54892-8	45.00
12.《冬天的作为:企业如何逆境增长》	978-7-111-54765-5	45.00
13.《危机自救》	978-7-111-64841-3	59.00
14.《激活组织:从个体价值到集合智慧》	978-7-111-56578-9	49.00
15.《协同》	978-7-111-63532-1	79.00
四、文化夯实根基		
16.《从理念到行为习惯:企业文化管理》	978-7-111-54713-6	49.00
17.《企业文化塑造》	978-7-111-54800-3	45.00
五、底层逻辑		
18.《我读管理经典》	978-7-111-54659-7	45.00
19.《经济发展与价值选择》	978-7-111-54890-4	45.00
六、企业转型与变革		
20.《改变是组织最大的资产:新希望六和转型实务》	978-7-111-56324-2	49.00
21.《共识:与经理人的九封交流信》	978-7-111-56321-1	39.00

彼得·德鲁克全集

序号	书名	序号	书名
1	工业人的未来 The Future of Industrial Man	21 ☆	迈向经济新纪元 Toward the Next Economics and Other Essays
2	公司的概念 Concept of the Corporation	22 ☆	时代变局中的管理者 The Changing World of the Executive
3	新社会 The New Society：The Anatomy of Industrial Order	23	最后的完美世界 The Last of All Possible Worlds
4	管理的实践 The Practice of Management	24	行善的诱惑 The Temptation to Do Good
5	已经发生的未来 Landmarks of Tomorrow：A Report on the New "Post-Modern" World	25	创新与企业家精神 Innovation and Entrepreneurship
6	为成果而管理 Managing for Results	26	管理前沿 The Frontiers of Management
7	卓有成效的管理者 The Effective Executive	27	管理新现实 The New Realities
8 ☆	不连续的时代 The Age of Discontinuity	28	非营利组织的管理 Managing the Non-Profit Organization
9 ☆	面向未来的管理者 Preparing Tomorrow's Business Leaders Today	29	管理未来 Managing for the Future
10 ☆	技术与管理 Technology, Management and Society	30 ☆	生态愿景 The Ecological Vision
11 ☆	人与商业 Men, Ideas, and Politics	31 ☆	知识社会 Post-Capitalist Society
12	管理：使命、责任、实践（实践篇）	32	巨变时代的管理 Managing in a Time of Great Change
13	管理：使命、责任、实践（使命篇）	33	德鲁克看中国与日本：德鲁克对话"日本商业圣手"中内功 Drucker on Asia
14	管理：使命、责任、实践（责任篇）Management: Tasks, Responsibilities, Practices	34	德鲁克论管理 Peter Drucker on the Profession of Management
15	养老金革命 The Pension Fund Revolution"	35	21世纪的管理挑战 Management Challenges for the 21st Century
16	人与绩效：德鲁克论管理精华 People and Performance	36	德鲁克管理思想精要 The Essential Drucker
17 ☆	认识管理 An Introductory View of Management	37	下一个社会的管理 Managing in the Next Society
18	德鲁克经典管理案例解析（纪念版）Management Cases(Revised Edition)	38	功能社会：德鲁克自选集 A Functioning society
19	旁观者：管理大师德鲁克回忆录 Adventures of a Bystander	39 ☆	德鲁克演讲实录 The Drucker Lectures
20	动荡时代的管理 Managing in Turbulent Times	40	管理(原书修订版) Management(Revised Edition)
注：序号有标记的书是新增引进翻译出版的作品		41	卓有成效管理者的实践（纪念版）The Effective Executive in Action